역사 속 세기의 로맨스

19 슈베르트와 테레즈

2016년 2월 19일 초판 1쇄 인쇄
2016년 2월 24일 초판 1쇄 발행

글 박시연 / 그림 유수미
펴낸이 이철규 / 펴낸곳 북스
편집 강하나 / 편집디자인 이지훈

편집부 02-336-7634 / 영업부 02-336-7613 / FAX 02-336-7614
홈페이지 http://www.vooxs.kr / 등록번호 제 313-2004-00245호 / 등록일자 2004년 10월 18일

주소 서울특별시 광진구 동일로 4길 32 2층
값 10,800원
ISBN 978-89-6519-162-9 74800
　　　978-89-6519-043-1 (세트)

잘못된 서적은 구입하신 서점에서 교환하여 드립니다.
이 책은 저작권법에 의해 보호를 받는 저작물이므로 불법 복제와
스캔 등 무단 전재 및 유포·공유를 금합니다.

이 도서의 국립중앙도서관 출판시도서목록(CIP)은 서지정보유통지원시스템 홈페이지(http://seoji.nl.go.kr)와
국가자료공동목록시스템(http://www.nl.go.kr/kolisnet)에서 이용하실 수 있습니다.
(CIP제어번호 : CIP2016004307)

역사 속 세기의 로맨스

19 슈베르트와 테레즈

글 박시연 그림 유수미

독자 여러분의 사랑과 관심 덕분에 '역사 속 세기의 로맨스' 1부를 무사히 끝마치게 되었습니다. 열 번이나 되는 과거로의 여행을 통해 사랑에 대한 특별한 깨달음을 얻게 된 이지가 결국 주노와도 사랑의 결실을 맺게 되어 참 다행이라고 생각합니다.

하지만 이대로 이야기를 마치기에는 왠지 아쉬움이 남았습니다. 아직도 우리가 알고 싶은 세기의 로맨스는 많이 남아 있기 때문입니다. 그래서 다시 새로운 로맨스를 찾는 여행을 떠나기로 결심했습니다.

이번 이야기에서는 새로운 주인공 리사와 선재가 등장합니다. 리사는 성북동의 으리으리한 저택에서 공주님처럼 살고 있는 사장님의 따님이고, 선재는 병에 걸려 입원한 아빠 대신 리사네 집에서 잡일을 도맡아 하는 어린 집사입니다. 두 사람은 같은 학교에 다니고 있는 친구이기도 합니다.

언뜻 봐선 환경이 너무 다른 두 사람 사이에서 무슨 로맨스가 생길까 싶습니다. 하지만 사랑이란 원래 엉뚱한 곳에서 갑작스럽게 생겨

나는 감정이 아닐까요? 평소 도도하고 콧대 높은 리사지만 늘 선량하고 헌신적인 선재에게 조금씩 마음이 끌리기 시작합니다. 게다가 리사에게도 신비한 책 '세기의 로맨스'가 찾아옵니다.

이 책을 펼치는 순간 리사는 과거의 낯선 세계로 떨어져 역사에 남을 만한 사랑을 한 남녀 주인공을 만나게 됩니다. 그들과 함께 웃고 울며 사랑의 진정한 의미에 대한 깨달음을 얻어가는 리사.

리사는 과연 선재를 진심으로 좋아할 수 있게 될까요?

궁금하시다면 독자 여러분도 리사와 함께 세기의 로맨스를 찾는 여행을 떠나보시죠.

박시연

머리말 _6

너무도 소중한 _11

선택의 시간 _32

수줍음 많은 소년 슈베르트와의 만남 _48

목소리가 아름다운 소녀 테레즈 _70

가슴앓이 _97

사라진 희망 _122

실연과 성공 _147

슬픈 세레나데 _166

부록 가곡의 왕 슈베르트 _175

1
너두도 소중한

오전에 선재와 리사는 인천국제공항에 내렸다. 선재는 곧장 아빠가 입원해 있는 병원으로 가기 위해 공항버스에 올랐다. 리사도 냉큼 따라 탔다. 옆자리에 앉는 리사를 돌아보며 선재가 걱정스럽게 말했다.

"너는 집으로 가야지. 갑자기 돌아와서 사장님 내외분도 크게 놀라셨을 거야."

"괜찮아, 괜찮아."

"하지만……."

"만약 안 좋은 일이 생겼을 때, 너를 혼자 두고 싶지 않아서 그래."

"으음……."

선재가 더 이상 말리지 못하고 리사의 얼굴을 물끄러미 쳐다보았다. 리사도 선재를 마주보며 밝게 미소 지었다. 한국으로 돌아오는 비행기 안에서 선재는 한숨도 자지 못하고 뒤척였던 것이다.

"고마워, 리사. 실은 나 조금 불안했거든."

"다행이야. 이럴 때 내가 네 곁에 있을 수 있어서."

창밖으로 시선을 던지는 선재의 표정은 여전히 어두웠다.

"박 기사 아저씨!"

병원으로 달려간 리사와 선재는 중환자실 앞에서 서성이는 박 기사 아저씨를 만났다. 리사를 발견한 박 기사 아저씨의 눈이 휘둥그레졌다.

"아가씨! 스페인에 계시는 게 아니었나요?"

"선재 아빠께서 편찮으시다는 소식을 듣고 함께 돌아왔어요. 그런데 아저씨의 상태는 어떠신가요?"

"지금 중환자실에 계세요. 그래도 담당 선생님께서 상태가 약간 호전됐다고 했으니 너무 걱정하지 마세요."

"휴우우……, 진짜 다행이다!"

가슴을 쓸어내리며 선재를 돌아보던 리사가 멈칫했다. 두 주먹을 꼭 움켜쥔 채 부르르 떨고 있는 선재의 모습을 발견했기 때문이다. 입술을 질끈 깨문 채 눈시울이 붉어진 것으로 보아 선재는 눈물을 억지로 참고 있는 것 같았다.

'울고 싶으면 울어 버려, 선재야. 너는 감정을 너무 억누르는 게 문제야. 그러다 네 마음이 병들면 어쩌려고 그러니?'

"아가씨, 사장님과 사모님 걱정 안 하시게 최대한 빨리 집으로 돌아오셔야 합니다."

박 기사 아저씨가 신신당부하고 돌아간 후에도 선재와 리사는 중환자실 앞에 우두커니 앉아서 기다렸다. 오전과 오후에 한 번씩 밖에 면회가 되지 않는데, 박 기사 아저씨가 미리 면회를 하는 바람에 오후까지 기다려야 했던 것이다. 점심시간이 시작되기 직전에 선재는 중환자실에서 나오는 담당 선생님을 만날 수 있었다.

"선생님, 안녕하세요?"

"오, 선재로구나."

"저희 아빠는 어떠신가요?"

"흐음……."

턱을 매만지며 머뭇거리는 의사의 얼굴을 선재가 잔뜩 긴장한 채 쳐다보았다. 의사가 한참만에야 입을 열었다.

"일단 위험한 고비는 넘겼다고 보면 된단다."

"감사합니다! 정말 감사합니다, 선생님!"

"하지만 아직 안심할 단계는 아니야."

"네?"

"내가 보기에 아버님은 언제 암이 재발한다 해도 이상할 게 없을 정도로 좋지 않은 상태거든."

"그, 그렇군요."

금방 시무룩해지는 선재의 팔을 의사가 친근하게 두드려주었다.

"너무 실망하지 마렴. 네가 아빠를 이렇게 걱정하는데 하늘도 감동하지 않겠니?"

"네에, 고맙습니다."

팔을 흔들며 멀어지는 의사의 등을 향해 선재가 머리를 꾸벅 숙였다. 심각하게 생각에 잠겨 있는 선재의 옆구리를 리사가 쿡 찔렀다.

"이제 시간 됐어. 아빠를 만나러 가자."

"으응!"

중환자실 분위기는 무겁게 가라앉아 있었다. 언뜻 봐도 상태가 심각해 보이는 환자들 사이로 복잡한 생명유지 장치들을 하고 잠들어 있는 선재 아빠의 모습이 보였다.

"아빠……!"

아빠 옆에 서서 선재는 눈시울이 붉어졌다. 리사가 그런 선재의 손을 꼭 잡아주었다.

'선재와 함께 돌아오길 정말 잘했어.'

아빠를 보고 나온 후에도 선재는 중환자실을 떠나려고 하지 않았다. 리사도 선재 옆에 껌딱지처럼 찰싹 붙어 있었다. 선재가 리사를 다시 걱정스럽게 돌아보았다.

"이젠 정말 돌아가야 하지 않아?"

"아니. 너랑 좀 더 같이 있을래."

"하지만 사장님과 사모님이 많이 걱정하실 거야."

"글쎄, 내 걱정은 말라니까. 그보다 점심이나 먹으러 가자."

"별로 생각 없어."

"기내식도 안 먹었잖아. 그러지 말고 나가서 간단한 거라도 먹자."

"생각 없다니까."

"어허, 누나 말 안 들을래? 어서 일어나!"

"리사 네 고집도 참……!"

리사의 고집에 선재는 고개를 설레설레 흔들며 몸을 일으킬 수밖에 없었다.

리사가 병원 로비에 있는 커피전문점으로 선재를 끌고 들어갔다. 샌드위치와 키위 스무디를 선재 앞으로 밀어주며 리사가 반 협박조로 말했다.

"병원을 떠나기 싫어하는 것 같으니 일단 이거라도 먹어. 세상에서 제일 미련한 게 환자보다 먼저 지치는 보호자라더라."

"하하……!"

선재가 기가 막힌 듯이 웃자 리사가 눈을 치켜떴다.

"뭐야? 내 말이 우습다는 거야?"

"그게 아니라, 리사 네가 꼭 오랫동안 아픈 엄마를 홀로 돌보는 소녀처럼 말하고 있잖아."

"헤헤, 내가 그랬나?"

혀를 쑥 내밀었던 리사가 선재를 향해 다시 엄한 표정으로 말했다.

"어쨌든 빨리 샌드위치를 먹도록 해. 이건 명령이야."

"알았어, 알았다고."

샌드위치를 한 입 크게 베어무는 선재를 보고 리사가 환하게 미소 지었다. 선재도 리사의 눈을 마주보며 입언저리를 들어올렸다. 말로는 빨리 들어가라고 했지만 선재도 리사가 곁에 있어줘 참 다행이라고 생각했다.

"어……!"

선재가 흠칫 놀라며 엉거주춤 몸을 일으킨 것은 그때였다.

"왜 그래?"

선재를 따라 돌아보던 리사도 눈을 크게 떴다.

커피전문점 입구에 굳은 얼굴로 서 있는 강 사장의 모습을 발견했기 때문이다. 리사가 강 사장을 향해 반갑게 달려갔다.

"아빠, 언제 오셨어요?"

"……."

"아빠?"

강 사장이 대꾸도 하지 않고 빤히 쳐다보자 리사는 당황했다. 강 사장이 낮게 깔리는 소리로 물었다.

"언제 돌아왔니?"

"오, 오늘 아침에요."

"이 녀석아! 그랬으면 집에 전화부터 했어야지!"

"!"

16

강 사장이 버럭 소리를 지르자 리사가 놀라 눈을 부릅떴다. 리사의 커다란 눈에 금방 눈물이 그렁하게 맺혔다. 선재가 급히 리사 옆으로 달려와 강 사장에게 머리를 숙였다.

"사장님, 죄송합니다. 모든 게 제 잘못이에요."

선재에게 늘 너그러웠던 강 사장이었지만 오늘만은 달랐다.

"그래, 선재 너의 잘못이 없다고는 못하겠구나. 너 때문에 우리 리사의 여행이 엉망이 됐고, 또 이렇게 버릇없는 행동을 일삼는 아이로 변했으니 말이다."

"죄송합니다. 정말 죄송합니다."

연신 머리를 조아리는 선재를 보며 리사는 목이 콱 메어왔다. 그러잖아도 편찮으신 아빠 때문에 마음고생이 심할 텐데, 자기 때문에 꾸지람까지 듣는다고 생각하니 미안해서 견딜 수가 없었던 것이다.

"아빠, 선재를 너무 나무라지 마세요. 선재는 저한테 여러 번 들어가라고 했는데 제가 고집을 부린 거예요."

"아니. 말로만 들어가라고 해놓고 정작 붙잡고 있었던 선재에게도 분명 잘못은 있다."

"그런 억지가……."

"억지라니? 아빠한테 무슨 말버릇이냐?"

"죄송해요. 저도 모르게 그만……."

딸의 얼굴을 가만히 보던 강 사장이 찬바람을 일으키며 돌아섰다.

"어쨌든 그만 집으로 돌아 가자. 이 녀석아, 엄마가 너 때문에 아

주 난리가 났어."

"네에……."

리사가 힘없이 대답하며 아빠를 따라나섰다. 커피전문점을 빠져나가며 리사가 선재에게 눈인사를 건넸다. 선재가 억지로 미소를 지어 보였지만 우는 것인지 웃는 것인지 분간하기조차 힘들었다.

'선재야, 나 때문에 미안해. 곧 다시 보러 올 테니까 씩씩하게 견디고 있어야 해.'

리사와 아빠는 박 기사가 운전하는 승용차 뒷좌석에 나란히 타고 있었다. 차가 시내를 가로지르는 동안 강 사장은 입도 벙긋하지 않았다. 숨 막히는 침묵 속에서 리사는 서글픈 눈으로 창밖만 하염없이 바라보았다. 자신이 무슨 큰 잘못을 저질렀다고 아빠가 이렇게까지 화를 내는 것인지 리사는 알 수가 없었다.

이때 강 사장이 박 기사에게 툭 내뱉었다.

"집으로 가지 말고 회사로 갑시다."

"네? 아, 네!"

차가 갑자기 방향을 바꿔 회사를 향해 달리기 시작했다. 리사가 고개를 갸웃하며 조심스럽게 물었다.

"아빠, 왜 갑자기 회사로 가는 거예요?"

"……."

이번에도 강 사장은 입을 꾹 다문 채였다.

강남 한복판에 있는 번쩍번쩍 빛나는 빌딩 안으로 리사와 강 사장을 태운 승용차가 들어갔다. 리사 네는 대대로 식품회사를 운영하고 있었다. 찬영이 네처럼 대기업은 아니었지만 이름만 대면 누구나 알 수 있는 탄탄한 회사였다.

대리석이 깔린 회사 로비를 가로지르는 리사와 강 사장을 향해 직원들이 인사를 했다.

"안녕하십니까, 사장님."

"아가씨도 안녕하시죠?"

"아가씨는 점점 더 예뻐지시는군요."

리사도 쑥스럽게 웃으며 고개를 까닥였다. 엘리베이터 앞에 나란히 서는 리사를 향해 강 사장이 불쑥 물었다.

"기분이 어떠니?"

"네?"

"직원들 모두가 너를 알아보고 인사를 건네잖니? 그때 기분이 어떻더냐고?"

"글쎄요……."

뭐라고 대답해야 좋을지 몰라 리사는 고개를 갸웃했다.

"이 회사에선 모두 삼백 명이나 되는 직원들이 땀 흘려 일하고 있단다."

"네에……."

"가족들까지 생각한다면 거의 천 명에 가까운 사람들이 우리 회사에서 일하며 생활을 이어가고 있다는 뜻이야. 그런 직원들이 너를 알아보고 반갑게 인사를 건네는 건 네가 그만큼 중요한 인물이기 때문이란다."

"제가 왜……?"

"너는 아빠와 엄마의 유일한 자식이고, 나중에는 네가 이 회사를 물려받을 것이기 때문이지. 즉, 너의 두 어깨에 이 모든 직원들의 운명이 달려있다는 뜻이야. 그렇기 때문에 직원들은 리사 너에게 관심을 가질 수밖에 없는 거란다."

"아……!"

그제야 알아들은 리사의 입에서 낮은 탄성이 새어나왔다. 그런 리사의 얼굴을 들여다보는 강 사장의 눈에 힘이 들어갔다.

"네가 아직 어려서 이런 말은 하지 않았지만 리사 너는 이처럼 큰 책임을 맡고 있는 아이야. 그래서 아빠와 엄마는 네가 좀 더 완벽하게 자라주고, 나중에는 회사를 이끌어가는데 도움이 될 수 있는 그런 좋은 남자를 만나기를 바라고 있지."

"……."

잠시 입을 다물고 있던 리사가 강 사장의 눈치를 살피며 물었다.

"그러니까 선재 같은 아이와 친하게 지내면 안 된다는 뜻인가요?"

"친구로 지내는 거야 상관없지. 하지만 그 이상으로 가까워지는 건 허락하기 힘들구나."

"아빠, 우린 아직 어려요. 친구 그 이상도 이하도 아니라고요."

리사가 기가 막힌 듯 항의했지만 통하지 않았다.

"보통 아이들이라면 네 말이 옳을지 몰라. 하지만 너나 찬영이 같은 특별한 아이들은 조금 달라."

"결국, 찬영이하고만 사귀라는 뜻인가요?"

실망으로 일그러지는 리사의 눈을 들여다보며 강 사장이 말했다.

"솔직히 말해서 아빠도 네가 선재보단 찬영이 같은 친구와 좀 더 가깝게 지냈으면 좋겠구나. 그게 널 위해서나 우리 집안을 위해서도 좋은 일이 아니겠니?"

"아빠는 엄마하곤 다른 줄 알았어요. 그런데 어떻게……."

입술을 파르르 떠는 리사의 얼굴을 강 사장이 지그시 바라보았다. 이때 엘리베이터 문이 열렸다. 강 사장이 리사의 어깨에 손을 얹으며 내렸다.

"일단 들어가자꾸나. 너에게 꼭 보여주고 싶은 것이 있다."

강 사장이 고급스런 가구들이 배치돼 있는 널찍한 사장실 안으로 리사를 데리고 들어갔다. 사방이 탁 트인 통유리의 창을 통해 도심이 한눈에 내려다보였다. 사무실 한복판에 서서 휘둥그레진 눈으로 도심을 둘러보는 리사를 향해 강 사장이 말했다.

"아빠 사무실은 처음이지?"

"네? 아, 네."

"너에게 보여주고 싶은 게 이 사무실 안에 있단다."

"그게 대체 뭔데요?"

강 사장이 사무실 한쪽 서가를 향해 다가갔다. 그가 두꺼운 책 한 권을 뽑아내자, 서가가 옆쪽으로 스르륵 밀려났다.

"자, 이쪽으로 들어오렴."

강 사장이 서가가 밀려나고 드러난 방의 입구를 가리켰다. 리사가 신기한 표정으로 강 사장을 따라 들어갔다.

"와아!"

방안으로 들어가자마자 리사는 눈이 휘둥그레지고 말았다. 사무실 반 정도 넓이의 방안은 꼭 미술관처럼 꾸며져 있었다. 정면의 높고 넓은 창을 통해 빛살이 눈부시게 비추는 가운데 사방 벽에는 아름다운 풍경화들이 걸려 있었다. 눈을 크게 뜨고 그림을 둘러보는 리사의 등 뒤에서 강 사장이 입을 열었다.

"이 그림들을 누가 그렸는지 알겠니?"

"아니요. 하지만 솜씨가 대단한 것 같아요. 전문 화가가 그린 그림이죠?"

"……."

"아니에요?"

잠시 뜸을 들이던 강 사장이 툭 내뱉었다.

"네 엄마가 그린 거란다."

"네에? 엄마가요? 정말요?"

리사가 황당한 듯 눈을 부릅뜨고 다시 한 번 그림을 살펴보았다. 그러고 보니 매일 거실에 화폭을 걸어놓고 풍경화를 그리는 엄마의 화풍과 비슷해 보이기도 했다. 하지만 지금 이 방에 걸려 있는 그림이 언뜻 봐도 훨씬 훌륭했다.

"엄마가 그림을 이렇게 잘 그렸었구나."

"그래. 네 엄마는 원래 장래가 촉망받는 화가였단다. 그런데 너를 낳자마자 꿈을 포기할 수밖에 없었지."

"저 때문이라고요? 대체 왜요?"

"리사 너는 굉장히 약한 아이로 태어났어. 툭하면 열이 오르며 자지러지게 울어댔지. 가끔은 너무 심하게 아파서 생명이 위태로워지기까지 했어. 그래서 네 엄마는 딸을 선택할지, 꿈을 선택할지 결정을 내릴 수밖에 없었단다."

"아!"

"엄마는 오랜 꿈을 포기하면서 그림을 모두 태워 버렸어. 하지만 아빠는 엄마의 꿈이 사라지는 게 너무 안타까워서 몇 점을 몰래 빼내서 이렇게 보관해오고 있었단다."

"그래서 그림을 그릴 때마다 엄마의 얼굴이 그렇게 슬퍼 보였군요."

강 사장이 낮은 목소리로 딸을 불렀다.

"리사야."

"네…… 네?"

"너란 아이는 엄마에게 그렇게 소중한 존재야. 자신의 꿈을 포기하면서까지 지켜낸 귀한 아이인 거야. 그래서 엄마는 네가 좀 더 완벽한 아이로 자라주길 욕심냈던 거고. 그리고 엄마가 너를 어떻게 키웠는지 곁에서 지켜본 아빠로서도 똑같은 마음일 수밖에 없단다. 아빠가 무슨 말을 하고 싶은 건지 알겠지?"

"네에⋯⋯."

리사는 고개를 끄덕일 수밖에 없었다.

강 사장의 목소리가 설득조로 바뀌었다.

"찬영이가 돌아오면 사과하고 잘 지내길 바란다. 아빠가 조만간 찬영이 부모님과 식사 자리를 한 번 만들 테니, 꼭 참석하도록 하고."

"⋯⋯."

"응?"

"네, 알겠어요."

고개를 끄덕이는 리사의 안색이 어두웠다.

해질 무렵이 되어서야 리사는 아빠와 함께 집으로 돌아왔다. 성 여사가 현관문을 박차고 뛰어나와 리사를 향해 달려왔다.

"엄마 죄송⋯⋯."

콰아악!

사과하려는 리사를 성 여사가 와락 끌어안았다. 그리고 딸의 머리를 쓰다듬으며 떨리는 소리로 말했다.

"아무 말도 하지 마렴. 무사히 돌아왔으니 됐어."

"죄송해요, 엄마."

자신을 걱정하는 엄마의 마음이 전해져 리사는 눈시울을 붉혔다. 성 여사가 양손으로 리사의 뺨을 감싸며 얼굴을 들여다보았다.

"우리 딸, 어디 아픈 데는 없지?"

"응!"

"자, 이제 들어가자. 엄마가 맛있는 저녁 만들어놨어."

"네, 엄마."

저녁을 먹고 나서 리사는 자신의 방으로 들어왔다. 스페인에서 돌아오며 오랜 시간 비행기를 탔고, 병원에서 대기하느라 몸은 파김치가 되어 있었지만 이상하게도 잠은 오지 않았다.

"선재 혼자 많이 외로울 텐데……."

리사는 선재가 걱정이었다. 전화라도 걸어보고 싶었지만 차마 그럴 수가 없었다. 아빠와 엄마가 선재와 친하게 지내는 것을 싫어하는 걸 잘 알고 있기 때문이었다. 두 분이 자신에게 얼마나 큰 기대를 걸고 있는지 알게 된 리사로선 예전처럼 행동할 수가 없었다.

"후우우……. 선재 아빠는 조금이라도 나아지셨으려나?"

리사가 침대에 누워 한숨을 푹 쉬며 머리맡에 놓인 양장본 책을 잡았다. 책장을 펼치고 새로운 장을 읽기 시작했다.

"슈베르트와 테레즈? 슈베르트라면 '가곡의 왕'이라고 불리는 유명한 작곡가잖아. 슈베르트도 테레즈란 아가씨와 사랑을 한 모양이지?"

졸린 눈으로 책장을 몇 페이지 넘기던 리사는 더 이상 참지 못하고 스르륵 눈을 감았다.

"리사! 리사!"
"으응……!"
자신의 이름을 부르는 소리에 리사는 간신히 눈을 떴다. 리사의 흐릿한 시야에 침대에 걸터앉아 자신을 향해 다정하게 미소 짓고 있는 엄마의 얼굴이 보였다. 리사가 의아한 얼굴로 몸을 일으켰다.
"엄마, 언제 왔어요? 내가 깜빡 잠이 들었던 모양이죠?"
"벌써 아침이야."
"아침이라고요?"
리사가 휘둥그레진 눈으로 빛살이 환하게 비추는 방안을 둘러보았다.
"와! 진짜 아침이네. 잠깐 눈을 감았다가 뜬 것 같은데."
"그만큼 피곤했던 게지."
"응, 그랬던 모양이에요."
"어서 씻고 내려오렴."
"아빠랑 같이 아침식사 하라고요?"
"아빠뿐이 아니란다. 오늘은 손님도 있어."
"아침부터 웬 손님이에요?"
"찬영이가 왔단다."
"찬영이가요?"

"네가 떠난 후 얼마 지나지 않아 친구들과 함께 한국행 비행기에 몸을 실었다더구나. 덕분에 여행은 엉망이 되고 말았지."

"으음……."

미안한 표정을 짓는 리사의 등을 토닥이며 성 여사가 말했다.

"엄마 생각에는 찬영이한테 사과하는 게 좋을 것 같구나."

리사가 순순히 고개를 끄덕였다.

"네, 엄마가 시키는 대로 할게요."

"우리 딸 참 착하구나."

"찬영이 왔구나?"

예쁘게 차려입은 리사가 반갑게 웃으며 식탁에 앉았다. 강 사장과 얘기를 나누고 있던 찬영이도 리사를 향해 반갑게 미소 지었다.

"리사, 안녕? 좋은 아침이야."

"그래, 좋은 아침."

강 사장이 기특하다는 듯 찬영이를 쳐다보았다.

"실은 찬영이와 세계 경제 동향에 관해 대화를 나누고 있었단다. 아직 어리지만 찬영이의 상식이 대단하구나. 역시 교육을 제대로 받은 티가 난다고나 할까?"

"네에……."

고개를 끄덕이는 리사를 향해 찬영이 쑥스러운 듯이 말했다.

"그냥 아저씨가 하시는 말씀을 잘 들어드렸을 뿐이야."

"찬영아."

"응?"

"스페인에선 갑자기 돌아와 버려서 미안했어."

"아니야. 오히려 내가 미안해."

"찬영이 네가 왜?"

고개를 갸웃하는 리사를 똑바로 보며 찬영이가 말했다.

"실은 내가 선재를 질투했던 것 같아. 리사 네가 나보다 선재와 더 친해보였거든. 그래서 여행 중에 선재를 은근히 따돌렸지. 리사 너는 그런 선재가 가엾고 또 미안했을 거야. 그러다 아빠가 편찮으시단 소식을 듣고 선재 혼자 떠나게 됐으니, 미안한 마음에 너도 함께 갈 수밖에 없었겠지."

"그, 그건 맞아."

"그때 리사 뿐만 아니라 나와 다른 친구들도 선재와 함께 비행기를 탔어야 했다고 생각해. 모든 게 선재와 너를 미리 배려하지 못한 내 잘못이야. 그러니까 사과 같은 건 하지 않아도 돼."

"……."

리사가 미소 짓는 찬영의 얼굴을 물끄러미 바라보았다. 찬영이에겐 확실히 유복하게 자란 아이 특유의 밝음과 대범함이 있었다. 오늘따라 찬영이의 미소가 근사해 보인다고 생각하며 리사가 앞에 놓인 요거트 드레싱 샐러드를 맛있게 먹기 시작했다.

"엄마, 오늘 샐러드는 특별히 맛있는 것 같아요."

"다행이구나. 많이 먹도록 하렴."
"저도 많이 먹겠습니다, 어머니."
"호호! 그래, 찬영이도 많이 먹어라."
오늘 아침식사가 유난히 화기애애하다고 리사는 생각했다.

2
선택의 시간

　아침을 먹고 리사와 찬영은 집 근처 공원으로 산책을 나갔다. 한여름의 공원에선 오전부터 열기가 아지랑이처럼 피어오르고 있었다. 리사와 찬영은 울창한 나무 그늘 아래를 골라 디디며 돌아다녔다. 리사와 나란히 걷는 찬영은 살짝 들떠 있는 것처럼 보였다.
　"리사야, 혹시 내일 약속 있어?"
　"아니, 별 약속 없는데."
　"그럼 우리 내일 도서관 가서 방학숙제 같이 할까?"
　"그러지, 뭐."
　"낮에는 숙제하고 날이 저물면 근처 백화점에 가서 옷도 구경하자."
　"그래."
　"앗싸!"

주먹을 불끈 쥐는 찬영을 보며 리사가 빙그레 미소 지었다.

"어어……, 조심해!"

이때 비틀거리는 자전거 한 대가 리사를 아슬아슬하게 스쳐 지나갔다. 찬영이 리사의 팔을 재빨리 끌어당겼다.

찬영이 위태롭게 자전거를 몰고 가는 남학생의 뒷모습을 째려보았다.

"저 녀석이 사과도 안 하고 그냥 가네!"

남학생을 쫓아가려는 찬영을 리사가 말렸다.

"그냥 둬."

"하지만 네가 다칠 뻔했잖아."

"안 다쳤으니까 괜찮아."

"쳇! 이 무더위에 자전거를 타고 싶을까?"

"……."

분이 풀리지 않는 듯 투덜거리는 찬영 옆에서 리사가 멀어지는 자건거를 멍하니 바라보았다. 언젠가 선재가 모는 자전거 뒷좌석에 타고 밤에 한강변을 달렸던 기억을 떠올린 것이다. 그때 리사는 시원한 바람에 머리카락을 흩날리며 두 팔을 벌리고 환호하며 즐거워 했었다.

'그땐 참 좋았는데…….'

리사의 갑작스런 변화를 찬영은 재빨리 알아차렸다. 시무룩해진 리사의 얼굴을 돌아보며 찬영이 조심스럽게 물었다.

"리사야, 무슨 일이야?"

선택의 시간 33

"찬영아."

"응?"

"부탁 하나만 들어줄래?"

"무슨 부탁?"

"어쩌면 너한텐 기분 나쁜 부탁일지도 몰라."

"……?"

어리둥절한 표정을 짓고 있던 찬영이 방긋 웃었다.

"괜찮으니까 말해봐."

"선재 아빠가 많이 편찮으신 거 너도 알지?"

"당연히 알지."

"지금 병원에 가서 선재가 잘 있는지 보고 싶어. 우리 아빠와 엄마는 내가 병원에 가는 것 자체를 싫어하셔. 그래서……."

"나와 병문안을 가면 싫어하지 않으실 것 같다는 거구나?"

"응."

"으음……."

잠시 고민하는 듯하던 찬영이 불쑥 리사의 손을 잡았다.

"가자!"

"응?"

"병원에 가자고. 실은 나도 병문안을 가고 싶었거든."

"찬영아, 정말 고마워!"

리사와 찬영이 병원에 도착했을 때, 선재는 여전히 중환자실 앞에 앉아 있었다. 리사가 반갑게 부르자, 선재는 엉거주춤 일어섰다.

"선재야!"

"어, 너희들 왔구나."

찬영이가 걱정스런 얼굴로 물었다.

"아빠는 좀 어떠셔?"

"……."

리사가 선재의 어두운 얼굴을 보고 다시 물었다.

"많이 안 좋으셔?"

선재가 억지로 표정을 풀었다.

"아니야. 많이 좋아지셨어. 담당 선생님 말씀이 내일이나 모레쯤 일반 병실로 옮길 수도 있을 거래."

"진짜? 정말 다행이다!"

"으응!"

반색하던 리사가 선재의 핼쑥해진 얼굴을 보았다.

"선재야, 너 아침도 안 먹었지?"

"아, 아니. 먹었어."

"거짓말하지 마. 그러지 말고 우리랑 같이 점심 먹자."

"정말 배부른데……."

"그러지 말고 가자, 응? 우리도 어차피 점심 먹어야 돼."

"선재야, 리사 말대로 하자. 리사가 너 걱정을 많이 하고 있어."

리사와 찬영의 얼굴을 번갈아 보던 선재가 마지못해 고개를 끄덕였다.
"알았어. 가자."
"우리 뭐 먹을까? 돈가스? 아님 피자?"

세 사람은 근처 패스트푸드점으로 향했다. 찬영이 햄버거, 프렌치프라이, 콘샐러드, 탄산음료와 아이스크림 등을 잔뜩 시켰지만 선재는 콜라만 한 모금 마셨을 뿐 햄버거에는 손도 대지 않았다.
"그런데 아진이와 윤지 그리고 가빈이도 잘 돌아왔어?"
"응! 나와 같은 비행기를 타고 무사히 돌아왔어. 물론 아진이와 윤지는 모처럼의 해외여행을 망쳤다며 입이 댓발이나 나왔지만."
"크크! 아진이와 윤지가 투덜거리는 소리가 여기까지 들리는 거 같다."
"어휴! 말도 마. 비행기를 타고 오는 내내 귀가 따가워서 혼났다니까."
리사와 찬영이는 분위기를 밝게 만들기 위해 수다를 떨었다. 그래도 선재의 얼굴은 풀리지 않았다. 오히려 피곤한 표정으로 창밖을 멍하니 바라볼 뿐이었다.
"선재야……."
리사가 문득 선재의 창백한 얼굴을 걱정스럽게 쳐다보았다. 그런 리사를 보는 찬영의 눈빛도 걱정스럽기는 마찬가지였다.

"선재야, 수고해. 또 올게."
"그래, 고마워. 잘가."

선재가 병원 현관까지 나와 리사와 찬영을 배웅했다. 활짝 웃으며 손을 흔들던 리사가 병원을 뒤로하고 돌아서자마자 한숨을 푹 쉬었다.

"후우……. 선재가 걱정이야."

"왜? 아빠도 많이 좋아지셨다잖아."

"정말 그렇다면 다행이지만……."

삐리리링!

이때 찬영의 휴대전화가 울렸다.

"네, 아빠. 지금 리사와 같이 있어요."

자신의 이름이 나오자 리사가 의아한 듯 찬영을 쳐다보았다. 리사와 시선을 맞추며 찬영이 통화를 계속했다.

"오늘 저녁이요? 알았어요. 제가 리사한테 말해볼게요."

통화를 끝내는 찬영을 향해 리사가 물었다.

"너희 아빠셔?"

"응!"

"그런데 왜 내 얘기를 하시는 거야?"

찬영이 리사의 얼굴을 보며 빙긋이 웃었다.

"실은 우리 아빠와 너희 아빠가 통화를 하신 모양이야. 두 분이 가족들끼리 오늘 저녁에 만나서 뮤지컬을 함께 보자고 약속하셨대. 어때, 리사 너도 좋지?"

"으응……."

리사가 고개를 끄덕이자, 찬영은 뛸 듯이 기뻐했다.

"와! 정말 잘 됐다! 리사 너도 레미제라블 알지? 브로드웨이 오리지널 팀이 와서 공연하는 거래."

"그, 그래?"

억지로 웃던 리사가 찬영을 휙 돌아보았다.

"찬영아!"

"응?"

"나 잠깐 병원에 좀 다녀올게."

"방금 다녀왔는데 왜 또?"

"병원에 놓고 온 게 생각났거든."

"리사야! 리사야!"

찬영이 소리쳐 불렀지만 리사는 대답도 하지 않고 뛰어갔다.

"헉헉."

병원 로비를 달려가던 리사의 눈에 마침 낯익은 의사 선생님의 모습이 들어왔다. 선재의 아빠를 담당하는 선생님이었다.

"서, 선생님!"

"……?"

"선재의 아빠를 담당하고 계시죠?"

"오, 이제 보니 선재의 친구로구나?"

"네. 그런데 한 가지 여쭤보고 싶은 게 있어서요."

"뭔데 그러니?"

"선재의 아빠는 정말 나아지셨나요? 선재 말로는 내일이나 모레쯤 일반 병실로 옮기실 거라고 하던데요?"

"선재가 그렇게 말했다고?"

의사가 고개를 갸웃했다.

"이상하구나. 나는 그런 말을 한 적이 없는데."

"네?"

"선재 아빠는 아직 일반실로 옮길 수 있는 상태가 아니야. 좀 더 상황을 지켜봐야 한단다."

"아, 네."

"아무래도 네가 잘못 들었거나 선재가 착각한 것 같구나."

"잘 알겠습니다, 선생님. 고맙습니다."

리사가 인사를 꾸벅하고는 힘없이 돌아섰다.

"선재는 대체 왜 그런 거짓말을 했을까?"

현관 밖으로 나서려던 리사가 우뚝 멈춰 서며 눈을 크게 떴다.

"아……! 내가 자꾸 병원에 올까봐 그랬구나. 그래서 또 아빠나 엄마를 걱정시킬까봐 일부러 그렇게 말한게 분명해."

선재의 마음을 알아차린 리사는 마음이 무거웠다. 우두커니 서 있는 리사를 향해 찬영이가 달려왔다.

"리사야, 두고 온 물건은 찾았니?"

"응? 으응, 찾았어."

"그럼 가자."

"그래."

찬영과 나란히 돌아서는 리사의 표정은 여전히 시무룩했다.

"리사야, 이 블라우스 어떠니?"

"아니야. 자리가 자리이니 만큼 역시 이 드레스가 어울리려나?"

"흐음……, 어쩌면 이 투피스가 좀 더 귀여워 보일지도……!"

그날 오후 집으로 돌아온 리사는 엄마인 성 여사와 함께 한 시간 넘게 거울 앞에 서 있어야 했다. 성 여사는 리사에게 열 벌도 넘는 옷을 갈아입히며 고민하는 중이었다. 그런 성 여사 옆에 두 명의 메이드 언니가 아직도 여러 벌의 옷을 들고 대기하고 있었다. 성 여사가 이렇게 수선을 피우는 이유는 간단했다. 오늘 저녁 찬영이네 가족과 함께 뮤지컬을 관람할 때, 리사가 좀 더 돋보이도록 하기 위해서였다.

"오! 우리 딸 정말 예쁘구나!"

여성스런 느낌의 원피스를 입은 리사를 보며 성 여사가 비로소 흡족한 듯 고개를 끄덕였다.

이때 강 사장이 드레스룸의 문을 열고 들어왔다.

"여보, 이제 슬슬 출발해야지?"

"네, 거의 다 끝났어요."

강 사장도 오늘만은 턱시도로 한껏 멋을 부린 채였다. 오랜만에 곱게 차려입은 채 연신 미소를 띠는 아빠와 엄마를 보며 리사는 마음이 무거웠다. 두 분이 이렇게 기뻐하는 모습을 보니 찬영이와 더 친하게 지내야 할 것 같은 생각이 들었기 때문이다. 하지만 리사의 마음은 온통 병실을 혼자 지키고 있는 선재에게 쏠려 있었다. 자신을 생각해서 아빠가 회복되고 있다는 거짓말까지 한 선재의 마음이 신경 쓰여 견딜 수가 없을 지경이었다.

"리사야, 이제 출발할까?"

"네, 가요."

하지만 아빠와 엄마가 손을 내밀었을 때, 리사는 환하게 웃으며 따라나설 수 밖에 없었다.

잠시 후, 리사와 가족들은 강남의 유명한 공연장에 도착했다. 입구부터 관람객들이 길게 줄을 서 있는 게 보였다. 아무래도 유명한 팀이 공연하는 인기 뮤지컬인지라 평소보다 관람객이 많은 것 같았다.

"줄을 서서 기다려야 할 것 같구나."

리사와 성 여사가 강 사장을 따라 줄을 서려는데, 정장을 단정하게 입은 아저씨가 달려와 머리를 숙였다. 리사와 찬영이 스페인으로 출국할 때 공항에 나와 주었던 스카이그룹의 직원 윤 비서 아저씨였다. 리사와 재빨리 눈인사를 교환한 윤 비서가 강 사장과 성 여사를 향해 정중하게 말했다.

"안녕하십니까? 리사의 부모님 되십니까?"

"그렇소만."

"이쪽으로 오십시오. 제가 좌석으로 안내해드리겠습니다."

"흠흠…… 고맙소!"

강 사장과 성 여사 그리고 리사가 윤 비서를 따라 들어갔다. 윤 비서가 리사네 가족을 VIP석으로 안내했다. 작은 원룸처럼 꾸며진 VIP석에는 고급스런 푹신한 의자와 테이블이 놓여 있었다. 한쪽에 여러 종류의 와인과 음료가 진열된 미니바도 보였다. VIP석으로 들어서며 리사가 저도 모르게 감탄사를 발했다.

"와! 자리가 넘 좋다!"

강 사장과 성 여사도 흡족한 눈치였다. 강 사장이 자리에 앉으며 윤 비서에게 물었다.

"나 회장님 가족 분은 아직 안 오셨나요?"

"지금 오고 계시답니다. 오, 마침 저기 오시는군요."

윤 비서가 입구 쪽을 가리켰다. 돌아보는 리사의 눈에 찬영을 앞세우고 들어오는 기품이 흐르는 정장 차림의 나 회장님과 사모님의 모습이 들어왔다. 강 사장과 성 여사가 리사와 함께 일어서서 정중하게 인사를 건넸다.

"처음 뵙겠습니다, 나 회장님."

"이렇게 초대해주셔서 감사합니다."

찬영이의 부모님도 반갑게 화답했다.

"저희들이야말로 반갑습니다."

"초대에 응해주셔서 감사합니다."

화기애애한 분위기 속에 두 가족이 자리를 잡고 앉았다. 리사와 찬영이도 나란히 앉았다. 나 회장이 리사를 보며 빙그레 미소를 지었다.

"우리 찬영이는 요즘 집에 오면 리사 이야기 밖에 하지 않아요. 리사가 오늘 어떤 옷을 입고 왔다, 리사가 오늘 뭘 먹었다, 리사가 오늘 기분이 어땠다 등등……. 아들 녀석 키워봤자 다 소용없다는 말이 사실인 모양입니다."

"하하! 그렇습니까? 이거 미안하게 됐습니다."

"강 사장님, 따님을 아주 훌륭하게 키우셨습니다."

"별 말씀을요. 찬영이야말로 정말 훌륭하게 자랐는걸요."

부모님들의 대화는 시종 화기애애했다. 찬영이도 기분이 좋은 듯 싱글벙글 웃으며 리사를 보았다. 리사도 찬영이를 향해 흐뭇하게 미소를 지었다. 이때 나 회장이 대기 중이던 윤 비서를 불렀다.

"윤 비서."

"네, 회장님."

"준비한 걸 가져다주겠나?"

"알겠습니다."

윤 비서가 가져온 것은 고급스럽게 포장된 작은 박스였다. 윤 비서에게 박스를 받은 나 회장이 그것을 리사에게 건넸다.

"리사야, 받으렴."

"이게 뭐예요?"

어리둥절한 표정을 짓는 리사에게 나 회장이 말했다.

"네게 주는 선물이란다. 앞으로도 우리 찬영이와 친하게 지내라고 주는 거니까 부담없이 받도록 하렴."

"이걸 받아도 될지……!"

리사가 돌아보자 강 사장과 성 여사가 괜찮다는 듯 고개를 끄덕였다. 찬영이 리사 옆으로 바싹 다가앉으며 채근했다.

"어서 풀어봐. 아빠가 어떤 선물을 준비했는지 나도 보고 싶어."

"회장님, 정말 감사합니다."

"그래, 그래. 우리 리사는 예의도 바르구나."

나 회장에게 다시 한 번 감사를 표한 리사가 조심스럽게 포장지를 풀었다. 그리고 박스의 뚜껑을 열었다. 동시에 리사의 입에서 짧은 탄성이 새어나왔다.

"아……!"

박스 안에는 백금으로 만든 반짝반짝 빛나는 목걸이가 들어 있었다. 명품 주얼리 전문점의 것으로 목걸이는 눈이 아릴 정도로 예뻤다. 하지만 초승달 안쪽에 작은 별이 박힌 듯한 모양의 팬던트에 시선을 집중시키며 리사는 선재의 얼굴을 떠올리고 있었다. 우연히도 나 회장이 리사에게 선물한 목걸이는 스페인에서 선재가 3유로를 주고 리사에게 선물했던 이미테이션 목걸이와 똑같았기 때문이다.

"리사야, 선물이 마음에 들어?"

"……."

그런 사실을 까맣게 모르고 있는 찬영이가 물었지만 리사는 대답

하지 않았다. 리사의 눈가에 물기가 비치는 것을 발견한 나 회장이 고개를 갸웃했다.

"리사야, 왜 그러니? 혹시 선물이 마음에 들지 않니?"

"아니요…… 그런 게 아니라요……."

"그럼 대체 왜 그러니? 혹시 내가 리사한테 무슨 실수라도 했니?"

"……."

리사가 다시 대답을 하지 못하자, 나 회장과 찬영 모두 당황하기 시작했다. 분위기가 어색해지자 성 여사가 리사를 향해 재빨리 말했다.

"리사야, 너 대체 왜 그래?"

"……."

"리사야, 어른이 물으시면 대답을 해야지?"

"……."

"리사, 너 정말!"

후우우웅!

성 여사가 더 이상 참지 못하고 박차고 일어서는 순간, 리사의 몸 윤곽을 따라 빛이 눈부시게 떠올랐다. 리사를 향해 손을 내뻗던 성 여사의 얼굴이 빛에 환하게 물들며 우뚝 정지했다. 빛이 VIP룸을 가득 채울 정도로 부풀어 오르는가 싶더니, 리사의 모습이 현실세계에서 홀연히 사라져 버렸다.

3
수줍음 많은 소년 슈베르트와의 만남

♩♪~♩ ♪~♫♪~♩♫~♩ ♪~♪♩~♫♪~

바닥에 주저앉은 채 눈을 꼭 감고 있는 리사의 귀에 아름다운 피아노 선율이 들려왔다. 그 소리는 매우 감미로우면서도 신성한 느낌을 주었다. 그래서 꼭 교회에서 들을 수 있는 미사곡처럼 들렸다. 절로 마음이 차분해지는 것을 느끼며 리사는 아마도 뮤지컬이 막 시작되었나보다고 생각했다.

'가만! 그럼 선물은? 나 회장님께 무례하게 굴었다고 엄마가 분명 화를 냈었는데?'

소스라치게 놀라며 리사가 눈을 번쩍 떴다. 그러나 그녀는 화려한 공연장의 VIP룸이 아니라 작은 교회의 어둑한 예배실 바닥에 홀로 주저앉아 있었다. 창문을 통해 달빛이 희미하게 스며드는 가운데 고운 피아노 소리만 끊이지 않고 계속 들려왔다.

"이런, 아무래도 내가 또 이상한 곳으로 떨어져 버린 모양이야."

나직이 중얼거리며 일어서는 리사의 발밑에 두툼한 양장본 책이 보였다. 책을 주워 표지를 확인해보니, 아니나 다를까 세기의 로맨스였다. 표지를 들여다보며 리사가 생각에 잠긴 얼굴로 중얼거렸다.

"그러고 보니 '슈베르트와 테레즈'의 장을 읽고 있었어. 그럼 지금 피아노를 연주하는 사람이 혹시?"

피아노 소리가 들리는 방향으로 돌아서던 리사가 눈을 크게 떴다. 자신보다 두세 살 정도 많아 보이는 소년이 낡은 피아노를 연주하고 있는 모습이 들어왔기 때문이다. 얼마나 열중하고 있는지 소년은 리사의 존재조차 알아차리지 못하고 있었다.

♩♫~♩♪~♪♩~♫♪~♩♪~♫♪~♩♫~♩♪~♩♪~♩♪~

리사도 방해하고 싶지 않아서 소년의 모습을 조용히 지켜보기만 했다. 풍성한 흑발에 검은 눈동자 그리고 붉은 입술을 가진 소년은 차분해 보였다. 비록 나이는 어렸지만 소년의 연주는 신중하고 잔잔해서 소년의 성격을 대변해주고 있는 듯했다. 고운 가루처럼 반짝이는 달빛은 연주하는 소년의 모습을 더욱 기품 있게 연출해주고 있었다. 소년은 달빛의 도움을 받으며 무아지경에 빠져 정신없이 손가락을 움직였다. 음에 취해 고개를 흔드는 소년에게선 천재성이 물씬 풍겼다.

"후우우……!"

소년이 마침내 연주를 마치고 한숨을 길게 쉬었을 때, 리사는 참지 못하고 손뼉을 칠 수밖에 없었다.

짝짝짝짝!

"브라보! 브라보!"

"너, 넌 누구지?"

소년이 눈을 동그랗게 뜨고 리사를 보았다. 소년을 향해 다가가며 리사가 최대한 친근하게 웃었다.

"안녕, 나는 리사라고 해."

소년이 엉거주춤 일어서며 고개를 갸웃했다.

"리사? 이 동네에 살아? 처음 보는 얼굴 같은데?"

"하하! 일단 이 동네가 어디고, 지금이 몇 년도인지부터 알려줄래? 덤으로 네 이름도 좀 알려주면 고맙겠어."

"지금이 몇 년도인지도 모른다는 거야?"

"그게 사정이 조금 있어서……."

혀를 쏙 내미는 리사의 얼굴을 황당한 듯 보던 소년이 한참만에야 입을 열었다.

"이곳은 1813년의 오스트리아 빈 교외 리히텐탈이란 마을이야. 난 여기 리히텐탈 교회에서 음악을 배우는 학생이자, 오르간 연주자

인 슈베르트라고 해."

"역시 슈베르트였구나!"

"나를 알아?"

"아니, 뭐 꼭 안다기보다……, 하하하!"

대충 웃어넘기는 리사의 얼굴을 보는 슈베르트의 눈에 의혹이 점점 짙어졌다. 리사가 재빨리 화제를 돌렸다.

"그런데 슈베르트, 방금 연주한 건 무슨 곡이야?"

"아, 이 미사곡?"

슈베르트의 얼굴이 살짝 붉어졌다.

"실은 리히텐탈 교회 합창단의 지휘자이자 나의 음악 스승이신 미하엘 홀츠 선생님께 바치는 헌정 미사곡이야."

"그러니까 선생님을 위해 작곡한 곡이란 말이지?"

"맞아!"

"어쩜! 슈베르트는 정말 착하구나."

"아니 뭐 꼭 그렇지는 않아."

쑥스러운 듯 머리를 긁적이며 얼굴이 붉어지는 슈베르트를 보며 리사는 수줍음이 많은 소년이라고 생각했다. 그리고 군데군데 기운 흔적이 있는 멜빵바지와 색 바랜 셔츠를 입고 있는 것을 보고 형편이 그리 넉넉한 집은 아니란 걸 알았다.

리사가 슈베르트를 향해 불쑥 손을 내밀었다.

"만나서 반가워, 슈베트르. 우리 이제부터 친구로 지내자."

"으응……, 그, 그러지 뭐."

리사의 손을 맞잡는 슈베르트의 얼굴이 또다시 발그스름해져 있었다.

"그것 참……."

달빛을 길잡이 삼아 작은 마을 리히텐탈의 밤길을 걸으며 슈베르트는 연신 입맛을 다시고 있었다. 슈베르트는 저 리사라는 아이가 어디서 홀연히 나타났고, 어디로 가는 길인지 알지 못했다. 더더욱 알 수 없는 것은 모든 것이 비밀스런 저 아이가 왜 자신의 뒤를 졸졸 쫓아오느냐는 것이었다. 슈베르트가 문득 걸음을 멈추고 돌아보면 리사는 얼른 달을 올려다보며 휘파람을 부는 척하곤 했다.

"휘휘~ ♬"

그러다 그가 또 걸음을 옮기면 강아지처럼 졸졸 쫓아왔다. 슈베르트는 왜 자꾸 자신을 쫓아오느냐고 리사에게 묻고 싶었다. 하지만 그는 수줍음 많은 소년이었다. 리사처럼 예쁘고 당돌한 눈빛을 가진 여자아이에게 말을 붙인다는 것 자체가 쉬운 일이 아니었다.

결국 슈베르트는 리사와 함께 마을 끝자락에 위치한 자신의 작은 집 앞까지 오고야 말았다. 두 주먹을 움켜쥐고 부르르 떨던 슈베르트가 드디어 결심을 굳혔다.

'그래, 리사한테 이제 그만 집으로 돌아가라고 말하는 거야.'

슈베르트가 가까스로 용기를 쥐어짜 말하려는 순간, 집의 문이 벌컥 열리며 동네에서 유명한 악동인 두 형이 나타났다.

수줍음 많은 소년 슈베르트와의 만남

"어라, 슈베르트가 왔네?"

"슈베르트! 집에 왔으면 들어오지 않고 뭐하고 있어?"

"어어……, 지금 막 들어가려던 참이야."

그때 형들이 리사를 발견했다.

"어라, 그런데 저 여자아이는 누구냐?"

"설마 저렇게 예쁜 아이가 네 여자친구는 아니겠지?"

얼굴이 새빨개진 슈베르트가 빽 소리쳤다.

"함부로 여자친구니 뭐니 그런 소리하지 마! 상대방한테 실례가 된다고!"

하지만 짓궂은 형들은 순순히 물러서지 않았다. 두 형이 슈베르트를 툭툭 건드리며 장난스럽게 말했다.

"오호, 펄쩍 뛰는 모습이 오히려 수상한걸."

"슈베르트, 너도 이제 열여섯이야. 여자친구를 사귄다고 이상할 건 없어요."

"끄으으……, 여자친구가 아니라니까."

분을 참지 못하고 부들부들 떠는 슈베르트를 지켜보던 리사가 불쑥 끼어들었다.

"여자친구 맞아요."

"뭐라고?"

오히려 당황하는 형들을 보며 리사가 말했다.

"제 이름은 리사라고 해요. 얼마 전에 먼 지방에서 이 동네로 이사

를 왔어요. 사실 슈베르트도 오늘 처음 만났어요. 우연히 리히텐탈 교회에 들렀다가 연주하는 모습에 홀딱 반해서 남자친구로 삼았으면 좋겠다고 생각하게 됐죠."

"그, 그랬구나."

"어쨌든 슈베르트 녀석 대단한걸."

"오늘 여기까지 따라온 건 부탁이 있어서예요."

"부탁이라니 무슨……?"

"저희 부모님이 전에 살던 지방에서 미처 해결하지 못한 문제가 있어 급히 내려가시게 됐거든요. 그래서 부모님이 돌아오실 동안 신세 질 집이 필요해요. 이 동네에는 아는 사람도 없는지라 슈베르트의 집에서 지내고 싶은데, 어떻게 말을 꺼내야 좋을지 몰라 무작정 따라왔던 거예요."

말을 마치는 리사를 슈베르트가 측은한 표정으로 쳐다보았다.

"그런 사정이 있어서 날 쫓아왔던 거구나? 우리 집도 형편이 어렵지만 네 사정이 딱하니까 부모님께 한 번 말씀드려 볼게."

"슈베르트, 고마워."

슈베르트의 형들이 리사의 손을 한쪽씩 잡고 무작정 집안으로 끌고 들어갔다.

"리사라고 했지? 부모님께 물어볼 것도 없어."

"무조건 우리 집에서 지내자."

"너무 감사해요."

수줍음 많은 소년 슈베르트와의 만남

"어려움에 처한 숙녀를 돕는 건 사나이라면 당연히 해야 되는 일이지, 하하하."

"슈베르트는 정말 멋진 형들을 뒀구나."

"이 정도로 뭘, 하하하."

순식간에 형들과 짝짝꿍이 되어 집안으로 들어가는 리사를 슈베르트가 귀신에 홀린 사람처럼 지켜보았다.

"리사 저 아이 보통이 아닌 거 같아!"

슈베르트의 아빠는 리히텐탈 초등학교의 교장이고, 엄마는 평범한 가정주부였다. 가난한 집은 좁고 누추했지만 두 분 다 인자한 분들인지라 리사를 따뜻하게 환대해주었다.

"부모님이 먼 지방으로 가셨다고?"

"가엾게도 낯선 마을에 혼자 남겨졌구나."

리사가 슈베르트의 부모님을 향해 예의바르게 인사했다.

"안녕하세요. 슈베르트의 친구 리사라고 해요. 허락하신다면 당분간 댁에서 신세를 지고 싶습니다."

부모님의 입가에 절로 미소가 그려졌다.

"어쩜, 착하기도 하지."

"허락하고말고. 언제까지든 편하게 지내도록 하렴."

아빠가 기특하다는 눈으로 형들 사이에 엉거주춤 서 있는 슈베르트를 돌아보았다.

"그나저나 우리 아들이 제법이구나. 늘 숫기가 없어 걱정이었는데, 이렇게 예쁜 여자친구까지 사귀고 말이야."

"그게 실은 여자친구가 아니라……."

리사의 사나운 눈빛을 마주한 슈베르트가 포기한 듯 한숨을 푹 쉬었다.

"아, 아무것도 아니에요."

"그런데 슈베르트, 미사 교향곡 작곡은 잘 되어가고 있니?"

"네? 아, 네……."

머뭇거리는 슈베르트를 대신해 리사가 불쑥 끼어들었다.

"아주 잘 돼가고 있어요. 저도 방금 전 교회에서 듣고 감동받았는걸요."

"오! 그거 잘 됐구나. 홀츠 선생님도 틀림없이 기뻐하실 거다. 제자인 네가 처음 작곡한 교향곡을 10월 16일 80세 생신날 연주해준다는 사실만으로도 가슴이 두근거린다고 하셨거든."

"정말 멋진 선물이 되겠네요."

리사가 손을 맞잡으며 슈베르트를 돌아보았다. 그는 웬일인지 시무룩한 표정으로 입을 굳게 다물고 있었다. 리사는 슈베르트가 아직 자신의 최초의 교향곡에 자신이 없어서 그런 모양이라고 생각했다.

'내가 괜한 말을 해서 부담을 준 모양이야. 왠지 미안해지는 걸'

이때 슈베르트의 엄마가 부엌 안쪽에서 손뼉을 마주쳤다.

"이제 저녁식사를 하자꾸나. 리사 너도 어서 오너라."

"네!"

리사도 배가 고팠으므로 가족과 함께 주방으로 향했다. 슈베르트의 가족들과 함께 식탁에 둘러앉으며 리사는 어쩔 수 없이 살짝 실망스런 표정을 짓고 말았다. 그래도 저녁이면 닭다리라도 하나 뜯게 될 줄 알았는데, 딱딱한 바게트에 멀건 수프가 전부였기 때문이다. 그래도 슈베르트의 아빠는 행복한 표정으로 손을 맞잡았다.

"자, 오늘도 우리에게 따뜻한 음식을 내려주신 하느님께 기도를 올리자꾸나."

리사도 형제들을 따라 손을 모았다.

"하늘에 계신 아버지시여, 오늘도 저희에게 일용할 양식을 주시니 감사합니다……."

짧지 않은 기도가 계속되는 동안 리사는 실눈을 뜨고 가족들의 면면을 살펴보았다. 리사를 제외하곤 누구도 눈을 뜨지 않고 진심으로 기도하고 있었다. 비록 가난하지만 이 가족이 정직하고 진실한 사람들임을 알 수 있었다. 그래서일까? 리사도 실로 오랜만에 기도란 걸 해보았다.

'이렇게 좋은 분들을 만나게 해주셔서 감사합니다. 슈베트르와 이 가족이 늘 행복할 수 있도록 도와주세요.'

기도가 끝나고 형제들과 리사는 저녁을 먹기 시작했다. 빵은 딱딱했지만 수프에 찍어먹으니 맛이 기가 막혔다. 리사가 볼이 터지도록 빵을 밀어 넣으며 말했다.

"아…… 아주머니…… 이 빵과 스프 정말 맛있어요……. 여…… 열 사람이 먹다가 열이 다 죽어도 모…… 모를 정도에요."

"어쩜, 리사는 말도 참 예쁘게 하는구나. 별 볼일 없는 식사를 칭찬해줘서 고맙다."

슈베르트의 엄마가 함박웃음을 지었다. 아빠와 두 형도 리사를 향해 친근한 미소를 보냈다. 리사 역시 오늘 처음 만난 사람들이었지만 모두 진짜 가족처럼 느껴졌다. 가난하지만 풍성한 식탁에서 행복하지 않은 사람은 오직 슈베르트 뿐이었다. 그는 식사시간 내내 오만상을 찌푸리고 있었다. 덕분에 리사도 마음이 편치만은 않았다.

"오늘부터 이 방을 쓰도록 해."

"고마워. 그런데 조금 더 넓은 방은 없는 거니?"

신세지는 처지에 웬만하면 불평 따윈 하고 싶지 않았지만 앉은 자세에서 머리가 천장에 닿는 비좁은 다락방으로 안내되었을 때, 리사는 슈베르트에게 묻지 않을 수 없었다. 수줍은 많은 슈베르트의 얼굴이 또 벌겋게 변했다.

"이 방도 내가 쓰던 걸 너한테 양보한 거야. 난 오늘부터 두 형과 한 방을 써야하기든. 우리 집은 가난해서 형제들에게 따로 나눠줄 방이 없어."

"미안, 내가 괜한 말을 했구나."

"아니야. 나도 늘 좀 더 넓은 방이 있었으면 좋겠다고 생각했는걸."

슈베르트의 맑은 눈을 유심히 보던 리사는 문득 그의 눈이 선재의 눈과 닮았다는 사실을 깨달았다. 리사의 입가에 어느새 푸근한 미소가 피어올랐다.

"슈베르트, 나 때문에 화 많이 났지?"

"네가 갑자기 여자친구라고 해서 놀라긴 했지만 화가 나진 않았어. 가족들도 모두 널 좋아하는 것 같고 말이야."

"그게 아니라 교향곡이 완성단계라고 말해 버려서……."

"으음……."

교향곡 이야기가 나오자 슈베르트의 얼굴이 어두워졌다. 리사가 그의 눈치를 살피며 조심스럽게 물었다.

"10월 16일이면 한 열흘쯤 남은 건가?"

"응, 대충 그 정도 남았을 거야."

"그런데 아직 곡이 완성되지 않은 거야? 그래서 교향곡 이야기를 꺼내는 것조차 싫은 거야?"

"후우우……. 그런 게 아니야."

슈베르트가 땅이 꺼져라 한숨을 내쉬며 말을 이었다.

"사실 교향곡은 거의 완성단계야."

"정말? 그럼 대체 뭐가 문제인데?"

"……."

리사가 가늘게 떨리는 손으로 수줍은 많은 소년의 얼굴을 가리켰다.

"슈베르트……, 너어 설마……?"

"맞아. 실은 연주회가 걱정돼서 그래. 리히텐탈 교회는 이 마을의 중심이야. 게다가 홀츠 선생님은 마을 사람들의 존경을 한 몸에 받고 계시지. 그분의 80세 생일을 기념해 교회에서 연주되는 교향곡이 엉터리였다는 평가를 받아봐. 아마 나는 평생 얼굴을 들고 다닐 수 없을 거야."

"하하!"

리사가 너무 기가 막혀 실소를 흘렸다.

"그게 대체 무슨 말이야? 최선을 다해 작곡했으면 자신 있게 연주하면 되지. 왜 미리 실패할 걱정부터 해? 게다가 음악을 잘 모르는 내 귀에도 슈베르트의 미사 교향곡은 충분히 훌륭하게 들렸어."

"너야 자신의 일이 아니니까 편하게 말할 수 있겠지. 하지만 나는 피가 마를 지경이라고."

머리를 감싸는 슈베르트를 보며 리사는 그가 수줍은 성격에 자신감까지 부족하다는 사실을 알아차렸다. 리사는 그를 돕고 싶었지만 마음의 문제인지라 뽀족한 방법이 없었다. 슈베르트가 갑자기 고개를 번쩍 쳐들었다.

"차라리 교향곡을 완성하지 못했다고 할까? 그럼 연주를 하지 않아도 되고, 사람들에게 비난받을 일도 없을 거 아니야."

"스승인 홀츠 선생님께서 몹시 실망하실 텐데?"

"후우우……. 맞아, 홀츠 선생님을 실망시킬 수야 없지."

"내 생각엔 슈베르트가 좀 더 자신감을 갖는 게 좋을 거 같아."

수줍음 많은 소년 슈베르트와의 만남

리사가 부들부들 떨리는 슈베르트의 손을 살며시 잡아주었다. 그의 손은 얼음장처럼 차가웠다.

'나 참……, 이렇게 심약한 아이가 어떻게 후대에 이름을 남긴 대음악가가 되었는지 모르겠네.'

슈베르트는 그날부터 단 하루도 빼놓지 않고 열심히 곡을 다듬었다. 아침 일찍부터 밤늦게까지 리히텐탈 교회에 남아 피아노를 치고 노래를 불렀다. 그의 훌륭한 연주솜씨와 합창단 출신다운 고운 목소리는 썩 멋들어진 조화를 이루었다. 그래서 늦가을 황혼에 물든 서쪽 하늘을 바라보며 그의 연주와 노래를 듣고 있노라면 절로 가슴이 푸근해지곤 했다. 그런데 리사도 알고 있는 재능을 슈베르트 자신만 모르는 것 같았다. 그는 시시때때로 피아노 건반을 신경질적으로 두드리며 절망적인 목소리로 외치곤 했다.

쾅! 쾅! 쾅!

"아니야! 이게 아니야! 이런 식으로 했다간 모두에게 웃음거리가 될 거라고!"

"슈베르트……, 제발 스스로를 괴롭히지 말고 음악을 즐기도록 해."

리사는 슈베르트가 진심으로 안타까웠다. 그리고 그가 열등감에서 벗어나 자신의 음악을 즐기기를 바랐다. 하지만 자존감은 다른 사람이 만들어줄 수 있는 게 아니었다. 슈베르트는 점점 지쳐갔고, 10월 16일이 다가올수록 극심한 스트레스에 시달렸다. 어느 날은 물 한

모금 삼키지 못할 정도였다.

우리가 피하고 싶어 하면 할수록 맞닥뜨리고 싶지 않은 그날은 더 빨리 오는 법이다. 슈베르트의 경우에는 10월 16일이 바로 그런 날이었다.

"슈베르트, 어서 일어나라! 오늘은 교회에 일찍 가서 연주회를 준비해야지!"

아침 일찍부터 주방에서 토마토스튜를 만들며 슈베르트의 엄마가 소리를 질렀다. 엄마를 돕던 리사가 행주에 젖은 손을 닦으며 말했다.

"제가 깨우러 갈게요."

"오, 그래줄래?"

주방을 빠져나가는 리사의 뒷모습을 보며 엄마가 빙그레 미소 지었다.

"나한테도 저런 딸이 하나 있었으면!"

"슈베르트! 아직도 자고 있는 거야?"

방문을 열어젖히고 들어간 리사는 눈이 휘둥그레지고 말았다. 침대에 엎드린 채 양팔로 아랫배를 감싸 안고 있는 슈베르트의 모습을 발견했기 때문이다. 리사가 걱정스런 얼굴로 슈베르트에게 다가가 그의 등에 손을 댔다.

"슈베르트, 왜 그래? 어디가 아파?"

"차, 창자가 꼬이는 거 같아."

"오늘이 연주회인데 어쩜 좋지? 일단 어머니께 의사부터 불러달라고 해야……."

리사가 급히 방을 빠져나가려는데 맞은편 침대에 나란히 앉아 있던 두 형이 키득거렸다.

"처음 피아노를 배울 때도, 교회 합창부 입부 테스트를 치를 때도 저랬지 아마?"

"슈베르트 저 녀석은 새가슴이라 조금만 긴장해도 배탈이 나버리거든."

리사가 슈베르트에게 돌아와 물었다.

"슈베르트, 형들의 말이 사실이야? 정말 연주회 때문에 긴장돼서 그래?"

"……."

대답하지 못하고 끙끙 앓고 있는 슈베르트를 리사가 걱정스럽게 쳐다보았다.

"이제 곧 연주회가 시작될 텐데 큰일이야. 이래서야 연주회를 제대로 해낼 수 있을까?"

그날 리히텐탈 교회로 나갔을 때, 리사의 걱정은 현실이 되는 듯했다. 슈베르트의 첫 번째 교향악을 연주할 악단부터가 문제가 생겼다. 목관악기부의 클라리넷 연주자는 지독한 감기에 걸려 컨디션이

엉망이었고, 타악기부의 큰북 연주자는 지난밤 과음으로 헤롱거렸으며, 현악기부는 바이올린 연주자끼리 싸움이 붙어 분위기가 뒤숭숭했다.

무언가 정리되지 않고 어수선한 악단을 바라보며 슈베르트가 핼쑥한 얼굴로 중얼거렸다.

"리사, 아무래도 이번 연주회는 끔찍한 결말을 맞을 것 같아."

리사가 불길한 예감에 사로잡힌 슈베르트를 위로했다.

"제발 희망을 갖도록 해. 모든 일이 잘 풀릴 거야."

리사가 고개를 돌려 이미 리히텐탈 주민들로 꽉 들어차고 있는 예배당을 돌아보았다. 작은 마을 리히텐탈에서 이번 연주회는 큰 행사였기에 많은 마을 사람들이 모여들고 있었던 것이다. 게다가 교회의 촉망받는 음악가 슈베르트가 마을 전체의 존경을 받는 홀츠 선생을 위해 최초로 작곡한 교향곡을 헌정 연주한다는 소식은 그들을 들뜨게 만들기에 충분했다.

기대가 가득한 얼굴로 무대 위의 슈베르트를 응시하는 사람들 사이에서 그의 가족들을 발견한 리사가 목소리를 낮추었다.

"저기 아빠와 엄마 그리고 형들까지 와 있어. 이젠 포기하고 싶어도 포기할 수가 없게 되었다고. 내 말 무슨 뜻인지 알겠지?"

"으응……! 어떻게든 해내야지."

슈베르트가 입술을 질끈 깨물며 억지로 고개를 끄덕였다. 하지만 슈베르트가 가까스로 끌어올린 용기는 새롭게 등장한 난관에 곧 힘

없이 사그라지고 말았다. 사색이 되어 달려온 목사님이 슈베르트를 향해 다급히 외쳤던 것이다.

"슈베르트, 큰일 났어!"

"또 무슨 일인가요?"

지친 얼굴로 묻는 슈베르트를 향해 목사님이 헐떡이며 말했다.

"네 연주에 맞춰 노래를 부를 가수가 오지 못하게 됐어!"

"네에? 갑자기 왜요?"

슈베르트의 얼굴이 다시 사색이 됐다. 독주곡을 부를 가수는 슈베르트가 준비한 연주회의 핵심 중의 핵심이었던 것이다.

"여가수가 갑자기 열병을 앓게 됐대. 그래서 도저히 노래를 부를 수 없다나봐."

"맙소사……, 이젠 정말 끝장이다!"

비틀거리는 슈베르트를 리사가 부축했다.

"슈베르트, 제발 마음을 단단히 먹어."

"아니야. 지금이라도 연주회를 포기하는 게 나을지도 몰라."

"슈베르트, 이리 돌아와!"

슈베르트가 리사의 손을 뿌리치고 무대 좌측의 출입구를 향해 빠르게 걸음을 옮겼다. 이때 출입구를 통해 들어서는 머리카락이 온통 새하얀 노인을 발견하고 슈베르트가 우뚝 멈춰 섰다.

"호, 홀츠 선생님……?!"

슈베르트의 음악 스승인 홀츠 선생님이 도착한 것이다. 홀츠 선생

님이 인자하게 미소 지으며 사랑하는 제자의 어깨를 두드렸다.

"네가 이렇게 훌륭하게 성장해 나를 위해 교향곡을 헌정한다니 너무 기쁘구나. 아끼는 제자의 첫 번째 교향곡을 듣게 된다는 사실에 흥분되어 지난밤엔 잠까지 설쳤단다."

"부, 부끄러운 곡인 걸요."

"그렇지가 않단다. 너는 어렸을 때부터 어떤 악보든 한 번만 보면 연주할 정도로 천재였어. 네 자신에 대해 좀 더 자신감을 갖는 게 좋겠구나."

"네에……."

스승의 기대와 격려에 슈베르트는 무대로 돌아갈 수밖에 없었다. 슈베르트가 목사님을 향해 작은 소리로 말했다.

"목사님, 이제 연주회를 시작하죠."

"가수도 없는데 괜찮을까?"

"관객들에게 양해를 구하고 독창 부분은 빼도록 하죠."

"흐음……. 이미 안내서에 넣었던 독창 부분을 갑자기 빼도 괜찮을지 모르겠군."

"다른 방법이 없잖아요."

"차라리 새로운 가수를 세우면 어떨까?"

"새로운 가수를 갑자기 어디서 구해요?"

"실은 우리 교회에 노래를 기가 막히게 부르는 여자아이가 있단다. 테레즈 그로오프라는 아이인데, 목소리가 맑고 매우 아름답지."

"전문가수도 아니고, 제 곡을 연습한 것도 아닌데 어떻게 갑자기 부를 수 있겠어요? 괜한 망신당하느니 포기하는 게 나아요."

"그 아이라면 정말 잘 해낼수 있을텐데……."

아쉬운 듯 연신 고개를 갸웃거리던 목사님은 슈베르트가 고집을 꺾지 않자, 할 수 없다는 듯 이미 마을 사람들로 꽉 들어찬 객석을 향해 돌아섰다. 목사님이 큰 소리로 말도 많고 탈도 많았던 연주회의 시작을 알렸다.

"그럼 지금부터 홀츠 선생님의 80회 생신을 축하하는 연주회를 시작하도록 하겠습니다! 오늘 우리 교회의 악단이 연주할 곡은 리히텐탈이 키운 최고의 음악가 슈베르트의 첫 번째 교향곡인 〈D Major 제1 교향곡〉입니다. 여러분, 젊은 작곡가 슈베르트를 뜨거운 박수로 맞이해 주십시오!"

짝짝짝짝!

"와아아!"

4
속소리가 아름다운 소녀 테레즈

♩♪~♪♫~♪♪~♫♩~♩♫~♪♪~♫♩~♩♪~♫♫~♩♩~♫♫~♩♪

아름다운 미사곡이 울려 퍼지자 소란스럽던 교회가 조용해졌다. 마을 사람들은 숨을 죽인 채 아름다운 선율에 귀를 기울였다. 리사도 홀츠 선생과 맨 앞자리에 앉아 교향악단을 지휘하고 있는 슈베르트의 뒷모습을 보고 있었다. 슈베르트의 딱딱한 등이 그가 얼마나 긴장하고 있는지 알려주고 있었다. 하지만 리사가 예상했던 대로 그는 천재적인 재능과 그동안의 숱한 연습을 통해 긴장감을 훌륭하게 극복하고 있었다.

♪~♫♩~♩♫~♪♪~♫♩~♩♪~♫♫~♩♩~♫♫~♩

　처음엔 가끔 엇박자를 내던 단원들도 어느새 슈베르트의 손놀림에 집중하며 그의 최초의 교향곡을 썩 잘 연주하고 있었다. 리사가 힐끗 고개를 돌려 오늘 이 역사적인 곡을 헌정 받는 홀츠 선생의 옆얼굴을 보았다. 선생의 눈가에는 어느새 물기가 촉촉하게 맺혀 있었다. 리사의 시선을 느꼈는지 홀츠 선생이 젖은 목소리로 중얼거렸다.
　"저 아이를 처음 만났을 때가 생각나는구나. 여덟 살 때인가 우리 리히텐탈 합창부에 들어오고 싶다고 해서 노래를 불러보라고 시켰지. 저 아이는 땀을 뻘뻘 흘리며 두어 소절을 힘겹게 불렀어. 나는 그날 날씨가 너무 더워서 그러는 줄 알았는데, 갑자기 방문을 열어젖히고 나가더니 토를 해버리지 뭐냐. 저 아이는 지나치게 긴장하고 있었던 거야. 그 수줍음 많던 아이가 이렇듯 온 마을 사람들을 모아 놓고 교향곡을 연주하다니, 그야말로 감개무량하구나."
　"수줍음만 극복한다면 더 좋은 음악가가 될 텐데요."
　"그게 꼭 그렇지는 않단다."
　"네?"
　눈을 동그랗게 뜨는 리사를 보며 홀츠 선생이 빙그레 미소 지었다.
　"슈베르트의 저 수줍은 마음이 저 아이의 순수한 음악의 토대가 되고 있단다. 그 약하고 가녀린 마음이 아름다운 선율로 표현되고 있다면 이해하겠니?"

"아!"

정확히 이해할 수는 없었지만 홀츠 선생님이 무슨 말을 하는지 알 것도 같아 리사는 고개를 끄덕였다.

리사가 홀츠 선생과 대화를 나누는 사이 교향곡의 첫 번째 악장이 끝이 났다.

"후우우……."

숨을 크게 몰아쉬며 호흡을 가다듬은 슈베르트가 관객들을 향해 돌아섰다. 슈베르트가 머리를 숙이자 객석에서 박수와 함성이 동시에 터져 나왔다.

"와아아아!"

"최고다!"

"슈베르트! 멋진 곡이었어!"

리사도 손바닥이 아플 정도로 손뼉을 치며 슈베르트의 이름을 연호했다. 하지만 그의 표정은 여전히 밝지 못했다. 아마도 다음 순서인 독창을 진행할 수 없게 된 것에 대한 부담감 때문인 듯했다. 슈베르트가 상기된 얼굴로 힘겹게 입을 열었다.

"저…… 저기……. 안내서에는 다음 순서가 여가수의 독창으로 나와 있을 겁니다. 그런데 그 여가수가 갑자기 병이 나는 바람에……."

"여기 여가수가 막 도착했습니다!"

갑작스런 목소리에 슈베르트는 물론 리사까지 깜짝 놀라 무대 좌

측의 출입구를 쳐다보았다. 목사님이 도저히 가수라곤 믿을 수 없는 색 바랜 원피스를 입은 아가씨를 억지로 끌고 들어오는 게 보였다. 리사 또래 정도 되었을까? 콧잔등에 주근깨가 자글자글한 아가씨는 순진한 얼굴에서 맑게 빛나는 두 눈이 상당히 인상적이었다.

"여러분! 오늘 슈베르트의 연주에 맞춰 노래를 불러줄 테레즈 그로오프 양을 박수로 맞아주십시오!"

"아!"

순간 아가씨의 정체를 알아차린 리사의 입술 사이로 짧은 신음이 새어나왔다. 아름다운 목소리를 가졌다는 아가씨를 목사님은 기어코 무대에 세우기로 결심한 모양이었다. 하지만 목사님의 의도와는 상관없이 슈베르트의 얼굴은 바위처럼 굳어졌다.

"연습 한 번 같이 해본 적이 없으니 걱정되는 것도 당연하겠지."

리사는 슈베르트의 마음을 충분히 이해할 수 있었다. 하지만 사정을 알 리 없는 관객들은 훌륭한 연주에 더해 가수의 노래까지 듣게 되었다는 생각에 신바람이 나서 손뼉을 쳤다.

"브라보!"

"환영하오, 테레즈 양!"

"멋진 노래를 부탁해요!"

한동안 테레즈란 아가씨의 얼굴을 지그시 보던 슈베르트가 고개를 절레절레 흔들며 단원들을 향해 돌아섰다. 그의 지휘봉이 신경질적으로 움직이자, 곱고 가녀린 선율이 흘러나오기 시작했다. 슈베르트

의 등은 더욱 딱딱해져 있었다. 그는 테레즈가 실패하리라 확신하고 있는 것 같았고, 그것에 신경 쓰느라 지휘도 점차 이상해졌다. 자꾸 엇박자가 나기 시작하자 관객들도 하나둘 고개를 갸웃거리기 시작했다.

"연주가 어째 좀 이상한데?"

"무슨 교향곡이 이래?"

바로 이때 테레즈가 양손을 꼭 맞잡고 노래를 부르기 시작했다. 소란스럽던 객석이 순식간에 고요해졌다. 테레즈의 목소리는 가냘픈 듯하면서도 사람의 영혼을 흔드는 어떤 힘 같은 게 있었다. 리사와 홀츠 선생을 비롯한 사람들은 숨소리조차 내지 못한 채 신이 선물한 듯한 그녀의 목소리에 귀를 기울였다.

기쁨이 넘쳐 뛸 때 뉘와 함께 나누리

슬픔이 가득 할 때 뉘게 하소연 하리

영광의 주 우리에게 기쁨을 주시오니

서러운 눈물 씻고 주님께 나가리

당신이 아니시면 그 누가 빛을 주리

인생은 어둠 속에 길 잃고 방황하리

희망의 주 내 삶의 길 인도하시오니

나 언제나 주 안에 평화를 누리리

그제야 슈베르트도 놀란 눈으로 테레즈를 돌아보았다. 흔들렸던 그의 지휘도 테레즈의 목소리에 영감을 받아 어느새 제자리를 찾아가고 있었다. 슈베르트의 시선은 수줍은 듯 입을 작게 벌리고 노래하는 주근깨 소녀의 얼굴에 꽂혀 있었다. 슈베르트는 진심으로 감동을 받고 있었다. 자신이 작곡한 첫 번째 교향곡에 늘 자신이 없었지만, 테레즈의 목소리를 통해 들으니 그렇게 훌륭하게 느껴질 수가 없었다.

'아! 내가 이렇게 멋진 곡을 만들었단 말인가? 신이여, 감사드립니다. 홀츠 선생님 감사합니다. 그리고 나를 구원하기 위해 하늘에서 내려온 천사 같은 테레즈…… 너에게 진심으로 감사하고 있어.'

감동은 무대에서만 받은 게 아니었다. 훌륭한 연주와 그를 더욱 아름답게 빛내주는 노래가 완벽한 조화를 이루며 관객들을 감동의 도

목소리가 아름다운 소녀 테레즈

가니로 몰아넣고 있었다.

"흐흑! 슈베르트 이 녀석, 정말 멋지게 성장했구나."

홀츠 선생은 어느새 손수건을 꺼내 눈물을 훔치고 있었다. 리사가 돌아보니 슈베르트의 아빠와 엄마도 연신 눈물을 찍어내는 중이었다. 그 장난치기 좋아하는 악동 형들조차 눈물을 참으려고 이를 악물고 있는 모습이 귀여웠다. 언제부터인가 서로의 눈을 마주보며 연주하고 노래를 부르는 슈베르트와 테레즈를 바라보며 리사가 속삭였다.

"슈베르트와 테레즈, 두 사람 모두 오늘 저녁 최고였어. 오늘만은 두 사람이 세계 최고의 음악가고, 가수라고 생각해."

마침내 연주와 노래가 모두 끝났다. 하지만 감동의 물결이 휩쓸고 지나간 객석에선 숨소리조차 들려오지 않았다. 제일 먼저 침묵을 깨뜨린 사람은 다름 아닌 오늘의 또 다른 주인공인 홀츠 선생이었다.

"브라보! 브라보! 슈베르트 브라보!"

홀츠 선생이 박수를 치며 소리치자, 관객들도 일제히 박차고 일어나 환호하기 시작했다.

"와아아! 브라보!"

"슈베르트, 정말 최고였어!"

"슈베르트야말로 우리 리히텐탈의 자랑이다!"

"테레즈, 너의 목소리도 영원히 기억할게!"

슈베르트가 테레즈의 손을 잡고 무대 앞쪽으로 걸어 나왔다. 연주를 했던 단원들도 모두 자리에서 일어섰다. 슈베르트와 테레즈가 나

란히 머리 숙여 인사하자, 단원들도 따라서 고개를 숙였다.
"여러분, 감사합니다! 진심으로 감사합니다!"
"슈베르트 최고! 테레즈도 최고!"
리사가 불이 나도록 손뼉을 치며 소리를 질렀다. 슈베르트와 테레즈는 어느새 서로의 얼굴을 마주보며 친근한 미소를 주고받고 있었다.

연주회는 큰 성공을 거두었고, 작은 마을 리히텐탈에서 슈베르트를 일약 스타로 만들었다. 마을의 꼬마조차 이젠 슈베르트를 알게 되었다. 그렇다고 해서 슈베르트의 생활이 크게 달라진 것은 없었다. 슈베르트는 여전히 악동 같은 형들과 한 방을 쓰며 음악적 영감을 떠올리는데 애를 먹고 있었다. 그를 애먹이는 것은 가난한 집과 형들뿐만이 아니었다. 가을이 깊어가는 그즈음 슈베르트는 상사병에 걸려 있었다.
"그러지 말고 테레즈를 직접 찾아가서 만나보는 건 어때?"
"그랬다가 거절당하면 어떡해? 그녀는 분명 날 이상한 사람 취급할 거라고."
"이렇게 혼자 끙끙 앓고 있다고 뾰족한 수가 생기는 것도 아니잖아."
"정말 찾아가볼까?"
"목사님께 물어보면 테레즈의 집을 알려주실 거야."
"역시 안 되겠어. 그녀는 분명 반가워하지 않을 거야."
"후우, 그럼 차라리 포기하든가."

"그게 잘 안 되니까 문제지. 눈만 감으면 무대에서 노래를 부르던 테레즈의 모습이 어른거린단 말이야."

"으아아……, 그럼 대체 어쩌란 거야? 슈베르트 너, 소심함도 이 정도면 병이야!"

몇날 며칠을 망설인 끝에 슈베르트는 교회로 향했다. 그리고 목사님께 테레즈의 집을 물어봤다. 목사님은 친절하게 약도까지 그려주며 이렇게 덧붙였다.

"테레즈의 집은 동쪽 대로를 따라 삼십 분 정도만 걸어가면 나온단다. 테레즈의 아빠는 그 아이가 어렸을 때 돌아가셨고, 지금은 엄마와 단 둘이 살고 있지. 엄마는 교원으로 일하고 있는데, 그것만으론 생활이 힘들다보니 집에서 직접 만든 잼을 파는 작은 가게를 운영하고 있어."

"고맙습니다, 목사님!"

"그런데 테레즈의 집은 왜 갑자기?"

"새로운 곡을 작곡 중인데, 테레즈에게 한 번 불러봐 달라고 부탁하려고요."

"오, 그거 좋은 생각이구나. 어서 가보렴."

슈베르트와 리사는 어두워질 무렵, 테레즈의 집에 도착했다. 그녀의 집은 슈베르트의 집만큼이나 작고 허름했다. 집의 한쪽 벽을 허물고 작은 가게를 만들었는데, 그곳에서 병에 담은 잼을 팔고 있었

다. 마침 테레즈가 가게를 지키고 있었다. 한참을 망설인 끝에 슈베르트가 그녀에게 다가갔다.

"테레즈 안녕?"

"누구세요?"

"여, 역시 나를 못 알아보는 구나?"

슈베르트의 표정이 절망적으로 변할 때, 다행히 테레즈가 그를 알아보았다.

"아, 누군가 했더니 슈베르트 씨였군요?"

"하하! 다행히 알아봐 주는구나."

"슈베르트 씨의 연주에 맞춰 노래를 불렀는데 당연히 알아보죠. 그런데 갑자기 어쩐 일로 오셨어요?"

얼굴이 홍당무처럼 붉어진 슈베르트가 리사를 힐끗 돌아보았다. 리사는 어서 말하라는 듯 고개를 끄덕였다.

"시, 실은 그날 연주회가 끝난 직후부터 테레즈를 한 번 보고 싶었어."

"저를 왜요?"

"그, 그러니까 내 말은 테레즈가 마음에 들었다는 뜻이야."

"……."

"푸하하! 역시 내가 말도 안 되는 소리를 했지? 미안, 그럼 난 이만!"

"저도 보고 싶었어요!"

"뭐라고?"

"저도 슈베르트 씨가 보고 싶었다고요."

목소리가 아름다운 소녀 테레즈

"아아!"

멍해지는 슈베르트의 얼굴을 보며 테레즈가 또박또박 말했다.

"그날 연주는 정말 감동적이었어요. 그래서 언제고 꼭 한 번 슈베르트 씨를 만나서 음악에 대한 이야기를 나눠보고 싶다고 생각했어요."

"정말 다행이다."

"비좁지만 잠시 들어오시겠어요?"

"고, 고마워."

테레즈가 슈베르트 뒤쪽에 서 있는 리사를 향해 싱긋 웃었다.

"리사 양이라고 했죠? 함께 들어와요."

"아니요. 나는 잠깐 산책 좀 하고 올게요."

리사가 손을 흔들며 돌아섰다. 잠시 걸음을 옮기던 리사가 슈베르트와 테레즈 몰래 재빨리 나무 뒤로 몸을 숨겼다. 리사가 배꼼이 내다보니 슈베르트와 테레즈가 좁은 잼 가게에 마주앉아 도란도란 이야기를 나누고 있었다.

"하하하!"

"호호호!"

행복하게 웃는 두 사람의 얼굴을 보며 리사가 빙그레 웃었다.

"정말이지 잘 어울리는 한 쌍이야."

완전히 어두워진 거리를 걸어 슈베르트와 리사는 집으로 돌아오고 있었다. 슈베르트는 땅을 보고 있지 않았다. 그의 시선은 밤하늘에

목소리가 아름다운 소녀 테레즈 83

서 빛나고 있는 별들로 향해 있었다. 그의 눈도 별빛만큼 반짝반짝거리며 빛을 발하고 있었다. 리사가 행복해 보이는 슈베르트의 옆구리를 쿡 찔렀다.

"테레즈와 사귀기로 했구나?"

"으, 으응! 어쩌다 보니 그렇게 됐어."

"정말 잘 됐다."

"그래서 말인데……, 나 부모님의 집에서 독립할까 해."

"독립이라니? 갑자기 왜?"

"갑자기가 아니야. 사실 지금 살고 있는 집에서는 악상을 떠올리는 것 자체가 힘들었거든."

"하긴……."

밤이면 탱크처럼 코를 곯아대고, 아침이면 베개싸움 등으로 한바탕 소란을 피우는 두 형을 떠올리며 리사도 고개를 끄덕일 수밖에 없었다.

"따로 방을 얻어서 이제부터 정말 열심히 음악활동을 해볼 생각이야. 반드시 성공해서 테레즈에게……."

"청혼할 생각이구나?"

"뭐 꼭 그런 건 아니고……."

다시 홍당무로 변하는 슈베르트의 얼굴을 보며 리사가 피식 웃었다.

"그런데 독립할 돈은 있어?"

"그동안 리히텐탈 교회의 연주자로 활동하면서 조금씩 받은 돈을

모아놓았어. 그걸로 작은 방 하나쯤은 얻을 수 있을 거야."

"방을 얻는다 해도 생활은 어떻게 하려고?"

"그게 문제인데……, 그래서 일단은 리히텐탈 초등학교에 음악교사로 취직할까봐."

"하긴 슈베르트의 아빠가 그 학교 교장으로 계시니까 어렵지 않게 취직할 수 있겠구나. 하지만 교장인 아빠의 월급도 쥐꼬리만큼 밖에 안 된다고 엄마가 늘 투덜대시던걸."

슈베르트의 표정이 살짝 어두워졌다.

"사실이야. 월급이라 봐야 40플로린 밖에 되지 않거든."

"40플로린이 얼마나 되는 돈인데?"

"좀 심하게 말하면 하루 세 끼 딱 빵을 먹을 수 있을 정도의 돈이라고 생각하면 돼."

"에게게~ 선생님 월급이 고작 그것 밖에 안 돼?"

"대신 작곡을 열심히 해서 곡을 팔면 돼. 또 작곡가로 유명해지면 고등학교 음악교사나 큰 극장의 지휘자로 취직하게 될지도 모르지."

주먹을 불끈 움켜쥐는 슈베르트의 얼굴을 걱정스럽게 쳐다보던 리사가 물었다.

"그럼 나도 이제 떠나야 하는 거야?"

"응? 그게 무슨 소리야?"

"작은 방을 얻어서 독립할 생각이라며? 그럼 나와 함께 지내는 게 몹시 불편할 거 아니야."

목소리가 아름다운 소녀 테레즈

"그런 걱정은 하지 마. 리사만 괜찮다면 언제까지나 함께 지내도 상관없으니까."

"정말?"

"당연하지. 이제는 리사가 친동생처럼 느껴지는걸."

"꺄악! 고마워, 슈베르트!"

"으악! 아무리 그래도 껴안는 짓은 그만둬!"

첫눈이 소담스럽게 내리는 날, 슈베르트는 부모님으로부터 독립했다. 그는 마을 중심부에 위치한 곳에 작은 방 하나를 얻었다. 낡은 벽난로가 붙어 있었지만 방은 춥고 누추했다. 단 한 가지 장점이 있다면 커튼을 열면 삼층 창문을 통해 눈 덮인 마을의 전경이 한눈에 내려다보인다는 정도였다.

"콜록콜록, 눈이 매워 죽겠어."

"조금만 참아. 불이 붙으면 연기는 금방 사라질 거야."

슈베르트와 리사는 벽난로에 불을 지피고, 방바닥의 먼지를 닦아내고, 침대에 새 시트를 깔았다. 마지막으로 슈베르트가 가장 아끼는 보물인 피아노까지 배치하고 나자, 방은 제법 그럴듯하게 변했다.

"휴우우~ 간신히 끝마쳤다."

"이제야 좀 사람이 사는 공간처럼 보이는군."

"리사가 이 침대를 쓰도록 해. 나는 저쪽 소파에서 잘게."

"무슨 소리야? 객식구인 내가 소파에서 자야지."

"아니야. 아무리 그래도 여자인 네가 침대를 써야지."

"진짜 고마워, 슈베르트."

똑똑!

 슈베르트와 리사가 노크소리가 들려오는 문을 돌아보며 동시에 외쳤다.

"열려 있으니 들어오세요!"

"아, 안녕?"

수줍게 문을 열고 들어온 사람은 다름 아닌 테레즈였다. 슈베르트가 반색하며 그녀를 맞이했다.

"테레즈가 웬일이야?"

"오늘 이사를 한다고 했잖아요. 그래서 축하파티라도 함께 하려고 왔죠."

"축하파티라고……?"

슈베르트가 곤란한 표정을 지었다. 이 방을 얻느라고 가진 돈을 다 써버려서 당장은 빵 한 조각 살 돈이 없었기 때문이다. 테레즈가 탁자 위에 가져온 보따리를 풀어놓으며 방긋 미소 지었다.

"파티 음식은 내가 준비해왔으니까 걱정하지 말아요."

그녀가 가져온 쟁반 위에는 아직도 김이 모락모락 피어오르는 닭고기 스튜와 와인이 한 병 놓여 있었다. 슈베르트가 감동받은 표정으로 테레즈를 보았다.

"테레즈, 나를 위해 이렇게까지……?"

"앞으로도 종종 음식을 만들어 올게요. 이래봬도 음식은 자신이 있거든요."

"정말 고마워, 테레즈."

리사가 스튜를 맛보며 슈베르트를 흘겨보았다.

"으이그……, 맨입으로만 고맙다고? 이럴 땐 키스라도 해줘야 하는 거 아니야?"

"키, 키스라니? 갑자기 무슨 소리야?"

"리, 리사! 나도 키스에는 반대야!"

얼굴이 레드와인처럼 붉게 물들어 입을 모아 소리치는 슈베르트와 테레즈를 보며 리사가 고개를 설레설레 흔들었다.

"수줍음 많은 것까지 똑같군. 두 사람은 보면 볼수록 천생연분이라니까."

겨울이 깊어지면서 슈베르트와 테레즈의 관계도 점점 깊어졌다. 테레즈는 시간이 날 때마다 음식을 만들어 슈베르트의 집으로 찾아오곤 했다. 그때마다 슈베르트는 물론 리사까지 포식을 했다. 식사를 마치고 나면 두 사람은 피아노 앞에 앉아 슈베르트는 새로 작곡한 곡을 연주하고, 테레즈는 그에 맞춰 노래를 불렀다. 그렇게 나란히 앉아 좋아하는 음악을 즐기는 모습은 리사가 보기에도 참으로 좋았다.

"정말 잘 어울리는 한 쌍이야. 두 사람이 결혼한다면 서로에게 분

명 큰 힘이 될 거야."

하지만 슈베르트는 테레즈에게 청혼할 수 없었다. 그는 여전히 40플로린 밖에 받지 못하는 교사였고, 가정을 꾸리려면 더 확실한 수입이 필요했다. 그럴수록 슈베르트는 더욱 작곡에 열중했다. 음악이야말로 그가 세상에서 가장 잘 할 수 있는 일이었고, 안정적인 수입을 올려 사랑하는 테레즈와 결혼할 수 있는 유일한 희망이었기 때문이다.

슈베르트가 새벽까지 피아노를 쿵쿵 두드리는 바람에 리사는 이른 시간에 잠에서 깨어나기 일쑤였다. 그날도 꼭두새벽부터 피아노 소리에 깨어난 리사는 한기를 피하기 위해 이불 속으로 기어들어가며 앓는 소리를 냈다.

"슈베르트, 제발 잠 좀 자자. 대체 언제까지 그렇게 잠도 안 자고 피아노만 두드릴 생각이야."

"리사, 미안하지만 이 곡을 한 번 들어봐 줄래?"

"싫어. 지금 나한텐 아무리 아름다운 선율도 다 소음으로 들릴 뿐이라고."

"그러지 말고 한 번만 들어봐 줘, 응? 부탁이야."

"……."

"리사!"

"아이 참! 대체 무슨 곡인데 그래?"

리사는 결국 견디지 못하고 이불을 박차고 일어날 수밖에 없었다.

피아노 앞에 앉은 슈베르트는 확실히 여느 때와는 달랐다. 그의 얼굴은 어떤 기대로 붉게 상기되어 있었다.

"으하암……."

그러거나 말거나 늘어져라 하품하는 리사를 향해 슈베르트가 들뜬 목소리로 말했다.

"괴테의 '마왕'이라는 시가 있어. 사랑하는 아들이 자신의 품에서 죽어가는 것을 지켜보는 아버지의 슬픔을 마왕이라는 존재에 빗대어 표현한 아름다운 시지. 내가 이 시에 음을 붙여서 〈마왕〉이란 곡을 완성했어."

"〈마왕〉이라고……, 어째 제목부터 좀 으스스한 걸?"

"자, 이제부터 연주할 테니까 잘 들어봐."

"알았어."

♩♪~♪♫~♪♪~♫♩~♩♫~♪♪~♫♩~♩♪~♫♫~

슈베르트의 길고 흰 손가락이 천천히 건반을 두드리기 시작하자, 리사도 하품을 멈추고 집중했다. 지금까지 슈베르트가 작곡했던 곱고 아름다운 곡이 아니라 조금 장중한 느낌을 주는 곡이었다. 슈베르트는 이 곡이 썩 마음에 드는 듯 머리를 흔들며 빠져들고 있었지만 리사는 솔직히 별 감흥을 느낄 수가 없었다. 너무 어둡고 무겁다는 느낌이랄까.

목소리가 아름다운 소녀 테레즈   91

짝짝짝!

"매우 좋은 곡이었어."

그래서 슈베르트가 연주를 마치고 기대 가득한 표정으로 돌아봤을 때, 리사는 건성으로 손뼉을 칠 수밖에 없었다. 소심한 슈베르트의 얼굴에 금방 실망의 빛이 떠올랐다.

"그렇게 별로야?"

"아니야. 좋았다니까."

"리사 너는 거짓말하면 얼굴에 다 나타나거든. 분명 별로라고 생각하고 있잖아?"

"아니야, 아니야."

"제발 거짓말하지 말고 솔직하게 말해줘."

"으아아! 미치겠네! 좋다는데 왜 그래?"

슈베르트와 리사의 실랑이는 날이 환하게 밝아올 때까지 계속되었다. 오늘따라 일찍 문을 열고 들어온 테레즈 덕분에 리사는 슈베르트의 고문 아닌 고문으로부터 간신히 해방될 수 있었다. 리사의 하소연을 들은 테레즈가 상심한 표정으로 피아노에 앉아 있는 슈베르트 옆으로 다가가 부드럽게 말했다.

"새로 작곡한 곡이 〈마왕〉이라고 했나요?"

"으응!"

"어디 악보를 한 번 볼 수 있을까요?"

"보지 않는 게 좋을 거야. 아무래도 내가 엉터리 곡을 만든 것 같아."

"내가 아는 슈베르트는 절대로 엉터리 곡을 만들어낼 사람이 아니에요. 그러니까 안심하고 줘 봐요."

"으음……."

머뭇거리던 슈베르트가 떨리는 손으로 악보를 내밀었다. 테레즈가 그것을 받아 유심히 들여다보았다.

"흠~ 흠흠~ 흐으음~ ♪"

악보를 보며 곡을 흥얼거리던 테레즈의 표정이 환해졌다.

"난 아주 좋은데요? 이 곡 슈베르트의 이름을 세상에 알릴 수 있는 명곡이 될지도 몰라요."

"정말 그렇게 생각해?"

"그렇고말고요."

"혹시 내가 상심할까봐 일부러 좋게 말해준 건 아니고?"

아직도 불안을 떨치지 못하는 슈베르트의 얼굴을 유심히 들여다보던 테레즈가 빙그레 미소 지었다.

"정 믿기지 않는다면 피아노로 연주해 봐요. 나는 연주에 맞춰 노래를 부를게요. 그럼 확실한 느낌을 알 수 있지 않겠어요?"

"그, 그럼 그래볼까?"

호흡을 가다듬은 슈베르트가 다시 〈마왕〉을 연주하기 시작했다.

♩♪~♪♫~♪♪~♫♩~♩♫~♪♪~♫♩~♩♪~♫♫~♩♩
~♫♫~♩♪

목소리가 아름다운 소녀 테레즈

약간은 어둡고 장중한 선율이 방안 가득 울려 퍼지기 시작하자, 테레즈가 마침내 그 아름다운 목소리로 괴테의 시를 노래로 만들어 부르기 시작했다.

누가 바람 부는 밤, 이렇게 늦게 달려가는가?

그 아이를 데리고 가는 아버지이네,

팔에 소년을 보듬어 안았지,

어찌 꼭 안았는지 소년은 따뜻해진다.

아들이여, 너는 왜 그렇게 불안하게 네 얼굴을 감추는가

보세, 아버지는 마왕을 못 보시나요?

왕관을 쓰고 긴 옷자락을 끌고 있는 마왕을 못 보십니까

아들이여, 그것은 넓게 퍼져 있는 띠 모양의 안개이구나

피아노 선율을 완벽하게 소화하며 감정을 끌어올린 채 노래하는 테레즈의 얼굴을 멍하니 바라보던 리사의 입에서 감탄사가 새어나왔다.

"아, 정말 아들을 걱정하는 아빠의 마음이 느껴지는 것 같아. 이 곡이 이렇게 아름다운 곡이었다니!"

♩♪~♪♬~♪♪~♬♩~♩♬~

마침내 슈베르트의 연주와 테레즈의 노래가 모두 끝났다. 두 사람은 각자의 할 일을 마치고 서로의 얼굴을 지그시 바라보고 있었다. 슈베르트의 표정에서 불안감은 안개처럼 흩어지고 없었다. 테레즈의 노래가 그의 연주에 확신을 불어넣어준 것이다.

자리를 박차고 일어나 열렬하게 박수를 쳐주려다가 리사는 그만두기로 했다. 자신이 말해주지 않아도 슈베르트는 이미 〈마왕〉이 얼마나 훌륭한 곡인지 테레즈를 통해 충분히 확인했을 것이기 때문이다.

슈베르트가 테레즈의 얼굴에 시선을 고정한 채 살짝 떨리는 소리로 말했다.

"테레즈, 당신은 정말 굉장한 여자야. 당신이란 여자를 나에게 보내준 신에게 나는 매일매일 감사를 드리지 않을 수가 없어."

테레즈도 슈베르트의 얼굴을 바라보며 입을 열었다.

"저 또한 매일 아침 눈을 뜨자마자 신께 기도를 드린답니다. 이 세상에 나 혼자가 아니고 슈베르트, 당신과 함께 있게 해주셔서 진심

목소리가 아름다운 소녀 테레즈

으로 감사드린다고요."

"어쩜!"

양손을 맞잡으며 리사는 황홀한 듯 두 사람을 바라보았다. 리사는 슈베르트가 이번에야말로 테레즈에게 키스할 것을 의심하지 않았다. 그리고 달콤한 키스에 이어 슈베르트의 떨리는 청혼이 이어지리란 것도. 하지만 한참만에 슈베르트의 입에서 튀어나온 말은 리사의 기대를 한방에 무너뜨리기에 충분했다.

"테레즈, 우리 〈마왕〉을 한 번 더 불러볼까?"

"조, 좋아요."

♩♪~♪♫~♪♪~♫♩~♩♫~

다시 피아노 소리가 울려 퍼지는 가운데 리사가 손바닥으로 이마를 탁, 때렸다.

"어이구~ 저 소심한 남자를 어쩜 좋아?"

5
가수앓이

"저기, 슈베르트……."
테레즈가 돌아가자마자 리사가 탁자에 앉아 차를 마시는 슈베르트를 향해 조심스럽게 말을 꺼냈다.
"응?"
"혹시 테레즈한테 무슨 소리 못 들었어?"
"응, 못 들었는데."
"실은 테레즈의 엄마가 테레즈에게 자꾸 선을 보라고 하시나봐."
"서, 선이라고?"
"테레즈의 엄마가 부업으로 잼 가게를 하시는 건 알지?"
"그야 물론 알지."
"매달 그 집의 잼을 잔뜩 팔아주는 빵집의 젊은 주인이 테레즈를 마음에 들어한대. 테레즈의 엄마로선 가난한 집안 형편을 생각해서라도 테레즈가 그 빵집 주인과 결혼하길 바라시나 봐."

"아, 그런 일이 있었구나."

우울하게 변하는 슈베르트의 얼굴을 보며 리사가 조심스럽게 말했다.

"더 늦기 전에 테레즈에게 청혼하는 게 낫지 않을까? 머뭇거리다간 저 좋은 여자를 빼앗겨 버릴지도 모른다고."

"……."

"슈베르트?"

"지금 내 형편에 결혼해봤자 우리 두 사람 먹을 빵을 살 돈도 부족해. 그런데 어떻게 청혼할 수가 있겠어? 그건 너무 염치없는 짓이야."

"그야 그렇지만……."

슈베르트가 더 이상 말하기 싫다는 듯 박차고 일어섰다. 그리고 피아노 앞에 앉아 묵묵히 〈마왕〉을 연주하기 시작했다. 그런 슈베르트를 리사가 안타깝게 바라보았다.

"슈베르트도 얼마나 답답할까?"

그 후 며칠 동안 테레즈는 슈베르트를 찾아오지 않았다. 기다리다 지친 슈베르트는 테레즈의 집으로 향했다. 그런데 테레즈의 잼 가게에는 테레즈 대신 웬 중년의 부인이 앉아 있었다. 귀밑머리가 희끗희끗한 부인은 완고하면서도 세파에 지친 모습이었다.

"저기……."

98

"잼을 사시려고요?"

"그게 아니라 테레즈 양을 좀 만나고 싶은데요?"

"우리 테레즈를요? 나는 테레즈 엄마되는 사람인데 실례지만 누구 신가요?"

테레즈의 엄마라는 말에 놀란 슈베르트가 재빨리 옷매무시를 고치고 머리를 숙였다.

"아, 안녕하십니까? 저는 테레즈의 남자친구 슈베르트라고 합니다. 진즉 찾아뵙고 인사를 드렸어야 하는데 죄송합니다."

"당신이 슈베르트 씨로군요."

슈베르트를 바라보는 부인의 눈빛이 싸늘하게 변했다. 아니나 다를까, 가게 밖으로 나온 부인은 슈베르트를 잡아먹을 기세였다.

"테레즈에게 당신의 이야기를 들었어요. 한 달에 고작 40플로린을 받는 교사라고요?"

"네? 아, 네……."

슈베르트의 얼굴이 창백해지는 것을 보고 리사는 마음이 아팠다. 하지만 자신이 나설 문제가 아닌 것 같아 입을 꾹 다물고 지켜볼 수밖에 없었다. 부인이 무방비 상태의 슈베르트에게 마구 공격을 퍼부었다.

"그럼 혹시 부모님에게 물려받을 유산이라도 있나요?"

"아, 아니요. 저희 아버님도 가난한 교사이신지라……."

"그러니까 유산을 받을 희망도 없고, 쥐꼬리만한 월급 밖에는 없다는 말이군요?"

"그, 그런 셈입니다."

"슈베르트 씨, 당신은 참 양심이 없는 사람이군요."

"……!"

부인이 쐐기를 박듯이 말하자, 슈베르트의 얼굴이 핼쑥해졌다. 누구보다 소심한 성격의 그는 이런 식의 공격을 감당할 여력이 없었던 것이다. 그의 마음을 아는지 모르는지 부인의 공격은 계속되었다.

"테레즈는 어려서 아빠를 잃고, 가난한 엄마 밑에서 힘들게 자란 아이에요. 그런 아이가 당신처럼 가난한 남자를 만나서 계속 불행해야 한단 말인가요? 당신이 정말 테레즈를 사랑한다면 스스로 그 아이를 떠나보내는 게 신사의 도리라고 생각합니다."

"아아, 저, 저는 정말이지…… 정말이지……."

슈베르트는 당장이라도 쓰러질 것처럼 비틀거렸다. 그가 얼마나 상심했는지 충분히 짐작할 수가 있었다. 이때 다행히 테레즈의 목소리가 들려왔다.

"엄마, 이게 무슨 무례한 짓이에요?"

"!"

테레즈의 엄마와 슈베르트가 놀란 눈으로 돌아보았다. 하지만 테레즈는 혼자가 아니었다. 큰 키에 서글서글한 인상의 웬 청년과 나란히 서 있었다. 테레즈의 옆에 굳건히 서 있는 남자를 보며 리사는 저 남자가 바로 테레즈의 엄마가 딸을 시집보내려고 안달이 난 그

빵집 주인임을 알아보았다. 테레즈가 청년을 뒤로하고 슈베르트의 옆으로 다가왔다. 그녀가 곧 쓰러질 것 같은 슈베르트의 팔을 힘주어 잡으며 엄마에게 항의했다.

"엄마, 어쩜 그렇게 잔인하게 말할 수가 있어요? 슈베르트 씨에게서 사과하세요."

테레즈는 단호했지만 그녀의 엄마도 물러서지 않았다.

"미안하지만 사과는 할 수가 없구나."

"엄마!"

"나는 슈베르트 씨에게 솔직하게 우리 집과 너의 사정에 대해 말했어. 그런데 내가 왜 사과를 해야 하지? 만약 내가 거짓말을 했다면 사과하겠다만 엄마는 거짓말을 한 기억이 없구나."

"으음……."

테레즈는 더 이상 반박하지 못하고 신음을 흘렸다. 사실 엄마의 말은 하나도 틀리지 않았던 것이다. 엄마와 테레즈의 생계라고도 할 수 있는 잼 가게를 운영하기 위해선 빵집 주인인 자크의 도움이 절대적으로 필요했다. 그리고 테레즈 자신이 결혼한다 해도 아무 걱정 없이 편안하게 살게 해줄 수 있는 남자는 슈베르트보다는 자크일지도 몰랐다. 그럼에도 테레즈는 슈베르트에게 더 끌렸다. 어찌 보면 그것은 그녀의 취향과도 관련이 있었다. 그녀는 누구보다 음악을 사랑했다. 그리고 비록 가난하지만 슈베르트는 세상에서 가장 아름다운 음악을 작곡할 수 있는 사람이었다.

"아! 슈베르트에게 만약 생활력까지 있다면 얼마나 좋았을까?"

테레즈도 결국은 낮은 한숨을 쉬며 아쉬워했다. 하지만 현실은 현실이었다. 슈베르트가 결코 변하지 않을 남자라는 걸 테레즈는 잘 알고 있었다. 그럼에도 그녀는 그를 사랑했다. 그가 괴테의 시를 가지고 작곡한 〈마왕〉으로 노래 부를 때는 세상 전부를 가진 기분이었다.

테레즈가 간절한 눈빛으로 슈베르트를 바라보았다.

'슈베르트, 지금이라도 내게 청혼해요. 그럼 나는 아무리 힘들더라도 무조건 당신을 믿고 따를 준비가 돼 있어요.'

"……."

하지만 슈베르트는 끝내 대답하지 않았다. 테레즈가 실망하는 기색을 보이자, 그녀의 엄마가 슈베르트를 향해 따지듯 말했다.

"슈베르트, 지금이라도 확실하게 말해줘요. 우리 테레즈에게 청혼할 마음이 있긴 있는 거예요?"

"……!"

순간 테레즈는 물론 자크와 리사의 시선까지 슈베르트에게 집중되었다. 곤혹스런 얼굴로 망설이는 슈베르트를 보며 리사는 마음속으로 외쳤다.

'슈베르트, 어서 말해! 테레즈에게 청혼하겠다고 말하란 말이야!'

하지만 슈베르트는 끝내 아무 말도 하지 못했다. 테레즈의 엄마가 그의 얼굴을 경멸하듯 쳐다보며 내뱉었다.

"결국 당신은 우리 딸에게 청혼할 용기조차 없었던 거군. 그런 주

제에 어떻게 감히 우리 딸과 사귀겠다고 말할 수가 있지?"

"아아……!"

슈베르트의 입술을 비집고 절망적인 신음이 새어나왔다. 다른 사람은 몰라도 리사는 슈베르트의 마음을 알고 있었다. 그는 비록 숫기 없고 자신감이 결여돼 있었지만 테레즈를 사랑하는 마음만은 진심이었다. 그가 차마 나서지 못하는 것은 자신이 테레즈를 행복하게 해줄 수 없을 것이라는 불안감 때문이었다.

지옥 같은 시간을 견디고 있는 슈베르트를 구해준 사람은 우습게도 그의 연적이라고 할 수 있는 자크였다. 빵가게 주인 자크가 테레즈의 엄마를 향해 시원하게 미소를 지었다.

"어머니, 일단 진정하세요."

"자크, 미안해요. 괜한 일로 신경을 쓰게 했군요."

슈베르트에게 호랑이처럼 굴었던 엄마의 표정이 자크 앞에선 봄눈처럼 스르륵 녹았다. 자크가 슈베르트의 엄마를 향해 설득조로 말했다.

"이 문제는 저와 테레즈 그리고 여기 슈베르트 씨가 알아서 해결하겠습니다. 그러니 너무 걱정하지 말아주세요."

"오, 자크! 제발 오해하지 말아요. 테레즈와 슈베르트 씨는 그렇게 가까운 사이도 아니에요."

"오해 같은 건 하지 않습니다. 안심하고 들어가세요."

"그럼 나는 자크만 믿겠어요."

테레즈의 엄마가 슈베르트를 흘겨보며 집안으로 들어갔다.

"……."

어색한 침묵 속에 슈베르트와 테레즈와 자크가 아무 말 없이 서로의 얼굴을 바라보며 서 있었다. 테레즈가 슈베르트를 향해 미안한 표정으로 말했다.

"슈베르트, 오해는 하지 말아요. 엄마가 하도 성화여서 자크와 점심식사를 하고 돌아오는 길이에요."

슈베르트가 여전히 창백한 얼굴로 대답했다.

"나한테 그렇게 변명할 필요 없어. 나는 테레즈의 약혼자도 뭣도 아닌 걸."

"슈베르트……!"

테레즈의 얼굴에 섭섭한 표정이 떠올랐다. 미묘한 분위기가 흐르는 가운데 슈베르트와 테레즈의 얼굴을 번갈아 보던 자크가 불쑥 손을 내밀었다.

"슈베르트 씨라고 했죠? 나는 자크라고 합니다. 우리 일단 인사부터 나누죠."

"으음……."

자크가 내민 손을 물끄러미 보던 슈베르트가 휙 돌아서 버렸다.

"리사, 그만 돌아가자."

"슈베르트! 슈베르트! 이렇게 가버리면 어떡해?"

리사가 헐레벌떡 쫓아가며 소리쳤지만 슈베르트는 걸음을 멈추지 않았다.

♩♪~♪♫~♪♪~♫♩~♩♫~♪♪~♫♩~♩♪~♫♫~♩♩~♫♫~♩♪

집으로 돌아온 슈베르트는 저녁도 거른 채 피아노 건반만 무작정 두드렸다. 리사는 하고 싶은 말이 많았지만 이를 악물고 연주하는 그의 옆얼굴을 보곤 포기했다. 리사도 그날은 기분이 별로인지라 대충 씻고 일찍 침대로 들어갔다. 휴지를 돌돌 말아 귀를 틀어막은 리사는 억지로 잠을 청했다.

"으으…… 으으으……!"

새벽 무렵, 리사는 누군가의 신음소리에 깨어났다. 그것은 마치 날카로운 것으로 살갗을 긁히고 있는 사람이 낼 법한 소리였다. 침대에서 억지로 몸을 일으키는 리사의 눈에 소파에 등을 돌리고 웅크린 채 와들와들 떨고 있는 슈베르트의 모습이 들어왔다. 리사가 깜짝 놀라 달려갔다.

"슈베르트, 왜 그래? 어디 아파? 아앗!"

슈베르트의 몸을 돌린 리사는 경악하고 말았다. 그의 얼굴은 온통 땀투성이였다.

"슈베르트, 정신 차려! 대체 어디가 아픈 거야?"

그의 이마에 손바닥을 대본 리사는 이마가 철철 끓고 있는 것을 보고 다시 한 번 소스라치게 놀랐다.

"일단 열부터 식혀줄 테니까 조금만 기다려!"

욕실로 달려간 리사는 작은 대야에 물을 받아 돌아왔다. 수건을 찬물에 적신 후 그것을 꾹 짜서 슈베르트의 얼굴과 상반신을 닦아주기 시작했다. 차가운 수건이 금방 뜨끈뜨끈해졌다. 다시 찬물에 수건을 적시며 리사가 안타까운 목소리로 말했다.

"가엾은 슈베르트, 내성적인 성격에 그런 지독한 말을 들었으니 병이 날 수밖에!"

날이 밝자마자 자리를 털고 일어난 슈베르트는 무작정 리히텐탈 기차역으로 향했다. 역에서 첫 번째 기차에 몸을 실은 슈베르트는 곧장 빈으로 달려갔다. 리사를 데리고 슈베르트가 찾아간 곳은 역사와 전통을 자랑하는 빈 국립신학교였다.

눈 쌓인 교정에 교복을 단정하게 차려 입고 돌아다니는 학생들 사이로 슈베르트와 나란히 걸으며 리사가 물었다.

"국립신학교에는 왜 갑자기 온 거야?"

"내가 혹시 이 학교 출신이란 걸 알고 있어?"

"그, 그래?"

"이곳 교장인 살리에리 선생님은 빈을 대표하는 유명한 음악가시지."

"흐음, 그러고 보니 나도 이름을 들어본 것 같아. 모차르트의 경쟁자로 유명하신 분 아닌가?"

"살리에리 선생님은 나의 은사이기도 해."

108

"아, 그렇구나. 그럼 그 살리에리 선생님을 만나러 온 거야?"
"응!"
그러니까 하필이면 왜 지금 살리에리 선생님을 만나러 왔느냐고 물어보려다가 리사는 포기했다. 슈베르트의 얼굴이 너무도 진지해 보였기 때문이다.

"슈베르트 씨, 들어오세요. 살리에리 선생님께서 만나 뵙겠다고 하십니다."
"아, 네. 감사합니다."
대기실에서 한참을 기다린 끝에 슈베르트와 리사는 교장실로 안내되었다. 운동장처럼 넓은 방에서 널찍한 책상에 앉아 있던 초로의 신사가 반갑게 일어섰다.
"오, 슈베르트. 정말 오랜만이구나."
슈베르트가 자신을 향해 다가오는 살리에리를 향해 정중하게 인사했다.
"안녕하세요, 선생님? 그동안 잘 지내셨죠?"
"그래, 덕분에 잘 지냈다."
친근하게 제자의 어깨를 두드려주던 살리에리의 시선이 리사에게 옮겨졌다.
"그런데 이 아이는 누구지?"
"리사라고 저에겐 동생 같은 친구예요."

리사도 얼른 고개를 숙였다.

"안녕하세요. 만나 뵙게 돼서 영광입니다."

"오, 그래. 나도 반갑구나. 우리 일단 저쪽으로 가서 앉도록 하자꾸나."

찻잔을 사이에 두고 살리에리와 마주앉아 슈베르트는 한동안 말이 없었다. 침묵을 깨고 살리에리가 먼저 이야기를 꺼냈다.

"그런데 오늘은 무슨 용건이 있어서 찾아온 것이냐?"

슈베르트가 찻잔을 내려놓으며 어렵게 말을 꺼냈다.

"실은 지난 번 편지에 적었던 일을 부탁드리기 위해서 왔습니다."

"지난 번 편지라면……?"

"라이바하 음악학교 교사로 취직하는 문제로 부탁을 드리지 않았습니까? 그 일을 다시 한 번 부탁드리기 위해서 왔습니다, 선생님."

"……!"

평소와는 달리 어려운 부탁을 또박또박 말하는 슈베르트가 신기해서 리사가 눈을 크게 뜨고 쳐다보았다.

"오, 그 문제라면 걱정하지 않아도 된단다. 그러잖아도 내가 라이바하 음악학교 교장에게 너를 추천해두었거든."

"그, 그게 정말이세요?"

"정말이지 않고!"

슈베르트가 벌떡 일어나 살리에리를 향해 몇 번이나 허리를 숙였다.

"감사합니다! 감사합니다! 이 은혜는 죽는 날까지 잊지 않겠습니

다, 선생님!"

"허허! 그래…… 그래."

"아아! 햇볕이 참 따뜻하구나. 이제 곧 봄이 오겠지?"

밖으로 나온 슈베르트의 표정은 한결 밝아져 있었다. 새파란 하늘을 향해 팔을 벌리고 미소까지 지었다. 그런 슈베르트의 얼굴을 돌아보며 리사가 싱긋 웃었다.

"내가 슈베르트를 오해하고 있었나봐."

"응? 그게 무슨 말이야?"

"난 슈베르트가 테레즈를 위해 아무 일도 안 하고 있다고 생각했거든. 그런데 더 좋은 학교로 옮겨가기 위해 이렇게 노력하고 있었잖아."

"맞아, 라이바하 음악학교로 옮길 수만 있다면 나도 더 이상 망설이지 않고 테레즈에게 청혼할 수 있을 거야. 지금 다니고 있는 초등학교의 교사 월급은 40플로린 밖에 안 되지만 라이바하 음악학교는 그 열 배가 넘는 480플로린이나 받을 수 있거든."

"와! 그렇게 많이 받을 수 있어?"

"응! 라이바하 음악학교는 시 정부의 지원을 받고 있기 때문에 급료가 높아."

"그럼 어서 테레즈에게 가서 이 기쁜 소식을 알려주자."

"좋아, 가자."

이번만은 슈베르트도 밝은 얼굴로 앞장섰다.

"더 이상 우리 테레즈와 만나지 말라고 분명히 경고했을 텐데."

기분 좋게 테레즈의 집에 도착했지만 그녀를 만나는 것부터가 쉬운 일이 아니었다. 딸과 함께 잼 가게를 지키고 있던 그녀의 엄마가 도끼눈을 뜨고 막았기 때문이다.

"엄마, 이러지 말고 제발 나가게 해줘요."

"안 된다면 안 되는 줄 알아, 이것아. 장래도 없는 가난한 음악가를 만나서 대체 어쩌겠다는 거야?"

테레즈가 어떻게든 밖으로 나가려고 했지만 그녀의 엄마는 단호했다. 슈베르트가 간신히 용기를 쥐어짜서 설득조로 말했다.

"어머니, 제 말을 좀 들어봐 주십시오."

"흥! 무슨 말을 하려는 건데?"

"제가 조만간 라이바하 음악학교 교사로 옮겨갈 수 있게 됐습니다. 지금 다니는 초등학교에선 고작 40플로린 밖에 받지 못하지만 라이바하로 옮기면 480플로린을 받을 수가 있습니다. 그 정도면 소박하나마 테레즈와 가정을 꾸릴 수 있지 않을까요?."

"으음……."

테레즈 엄마의 표정이 살짝 누그러졌다. 하지만 그녀는 여전히 딸이 슈베르트와 단 둘이 만나는 걸 허락하지 않았다. 그녀가 테레즈의 얼굴을 보며 큰 선심이라도 쓰듯 말했다.

"정 그렇다면 자크를 불러서 셋이 함께 놀도록 해요."

"자크는 왜 또 끌어들이는 거예요?"
"그게 싫다면 나도 허락하지 않겠다."
"아아, 엄마!"
눈물이라도 흘릴 듯한 테레즈의 얼굴을 보던 슈베르트가 말했다.
"좋습니다. 자크 씨를 불러서 셋이 식사를 하도록 하겠습니다."

테레즈 엄마의 부름을 받은 자크는 한달음에 달려왔다. 근사한 슈트 차림의 그는 성공한 사업가답게 몸 전체에 여유가 넘쳐흘렀다. 그에 반해 팔소매가 닳아빠진 낡은 정장을 입은 슈베르트는 초라해 보였다.

'슈베르트도 월급을 받으면 정장부터 한 벌 사 입으라고 해야겠어.'
리사가 슈베르트를 안타깝게 쳐다보고 있을 때, 자크가 테레즈를 향해 물었다.
"테레즈, 아직 점심식사 전이죠? 우리 어디 가서 점심부터 먹을까요?"
테레즈가 슈베르트의 눈치를 살폈다.
"슈베르트, 정말 괜찮겠어요?"
"난 괜찮으니까 신경 쓰지 않아도 돼요."
슈베르트는 자크를 향해 친근하게 미소까지 지었다.
"자크 씨, 저도 실은 배가 고프군요. 우리 어디로 가서 먹을까요?"
"제가 한 턱 낼 테니 갑시다."
"아니요. 오늘은 제가 낼게요."

"하하! 그럼 그러시든가요."

유쾌하게 웃으며 나란히 걸음을 옮기는 두 남자의 뒷모습은 마치 오래된 친구처럼 보이기도 했다. 리사가 테레즈와 함께 따라가며 물었다.

"그런데 저 자크라는 남자, 성격은 괜찮아 보이네?"

"응, 심성도 착하고 부지런하고 정직해서 주위 사람들한테 신뢰도 많이 받고 있어."

"테레즈도 혹시 자크를 좋아해?"

"그, 그게 무슨 소리야?"

"자크를 별로 싫어하는 것 같지는 않아서 물어보는 거야."

잠시 생각하던 테레즈가 정색하며 답했다.

"싫어하지 않는 것과 좋아하는 것에는 엄염한 차이가 있어. 내 말 무슨 뜻이지 알겠지?"

"으응!"

테레즈의 마음을 확인한 리사가 고개를 크게 끄덕였다.

자크가 슈베르트와 테레즈를 안내한 곳은 빈 시내에서도 유명한 해산물 레스토랑이었다. 고급스럽게 차려입은 신사들과 숙녀들이 와인을 마시며 낮은 소리로 대화를 나누는 레스토랑으로 들어서며 슈베르트는 긴장하는 기색이 역력했다.

"리사, 이 집 굉장히 비쌀 거 같지?"

"신경 쓰지 말고 그냥 자크에게 계산하라고 해. 자기가 비싼 집으로 데려왔으니, 계산도 자신이 책임지겠지."

"하지만 내가 내겠다고 했는걸."

"그때는 이렇게 비싼 집으로 올지 몰랐잖아."

"그래도……."

"너무 신경 쓰지 말고 그냥 테레즈와 오랜만의 데이트를 즐겨."

리사가 달랬지만 슈베르트는 끝내 표정을 풀지 않았다.

네 사람이 창가 쪽 테이블에 자리를 잡고 앉았다. 널찍한 창을 통해 빈 거리를 지나가는 행인들과 마차들이 훤히 내다보였다. 턱시도 차림의 젊은 종업원이 다가와 먼저 자크에게 친절하게 인사를 건넸다.

"자크 씨, 안녕하세요?"

리사가 종업원에게 물었다.

"자크 씨가 이 집 단골인 모양이죠?"

"물론입니다. 자크 씨는 중요한 손님을 만날 때마다 항상 저희 집에서 대접하곤 하신답니다."

"아, 네."

자크가 종업원을 향해 말했다.

"오늘 추천할만한 메뉴는 뭐가 있지?"

"송어구이와 새우튀김이 아주 좋습니다."

"좋아, 그럼 그걸로 준비해줘. 내가 즐겨 먹던 와인도 한 병 가져다 주고."

"잘 알겠습니다. 그럼 즐거운 시간 되십시오."

잠시 후, 요리가 나왔고 자크와 테레즈와 리사는 맛있게 먹었다. 오직 슈베르트만이 다른 곳에 정신이 팔려 음식이 코로 들어가는지 입으로 들어가는지 모르는 듯했다. 그는 아직도 계산 때문에 신경을 쓰고 있는 것 같았다.

'슈베르트는 정말이지 걱정을 사서 하는 스타일이라니까.'

리사는 계속해서 슈베르트가 마음에 걸렸다.

자크는 테레즈는 물론 슈베르트에게도 시종일관 친절했다. 그는 슈베르트의 잔에 와인을 따라주며 직접 설명까지 덧붙였다.

"프랑스 보로도 지방에서 생산된 최고급 와인입니다. 특히 이 샤토 마고는 햇빛을 듬뿍 머금고 자란 질 좋은 포도만으로 만든 술이라 맛이 깨끗하면서도 달콤하죠."

"아, 네."

슈베르트는 마지못해 짧게 대답하곤 건배도 하지 않고 단숨에 술잔을 비워 버렸다. 생각하기에 따라 상대방이 불쾌하게 받아들일 수도 있는 행동이었다. 그럼에도 자크는 인상 한 번 쓰지 않고 슈베르트 쪽으로 스튜 접시를 밀어주었다.

"연어 살과 표고버섯을 넣어 만든 해산물 스튜입니다. 거기 있는 파슬리와 치즈를 살짝 뿌려 드시면 더욱 맛있을 겁니다."

"아, 네."

이번에도 슈베르트는 퉁명스럽게 대답하며 스튜를 후루룩 마셨다. 리사가 불안한 눈으로 쳐다보았지만 자크의 얼굴에선 미소가 떠나지 않았다.

'테레즈의 말대로 자크는 정말 신사인 것 같아. 하지만……."

리사는 자크에게서 가진 자 특유의 여유를 느끼고 있었다. 어쩌면 자크는 슈베르트를 경쟁자로 생각조차 하고 있지 않은 것인지도 몰랐다. 거기까지 생각이 미치자, 리사는 어쩔 수 없이 선재와 찬영을 떠올릴 수밖에 없었다. 찬영이도 그렇게 여유 있게 선재를 궁지로 몰아넣었고, 선재는 예민하고 공격적으로 변하지 않았던가. 찬영이 앞에서 힘들어하던 선재를 떠올리자 리사는 슈베르트의 입장을 이해할 수 있었다. 리사가 여전히 우울한 얼굴로 와인을 홀짝이는 슈베르트를 측은하게 바라보았다.

'제발 용기를 내, 슈베르트. 그래야 테레즈를 지킬 수 있다고.'

"흐음, 진짜 오랜만에 맛있는 식사를 했어."

디저트로 나온 커피와 아이스크림까지 깨끗이 비우고 나서 네 사람은 모든 면에서 만족스러웠던 식사를 마쳤다. 하지만 아직 완전히 끝난 것이 아니었다. 사건은 자크가 종업원에게 계산서를 가져다달라고 요청했을 때 발생했다.

"여기 계산서를 가져왔습니다. 모두 38플로린입니다."

"흐음, 현금으로 계산하지."

자크가 당연하다는 듯 지갑을 열려고 할 때, 슈베르트가 불쑥 말했다.

"이건 내가 계산하겠다고 하지 않았습니까."

"……!"

식탁에 둘러앉은 사람들이 일제히 눈을 크게 뜨고 슈베르트를 쳐다보았다. 특히 리사의 놀라움이 컸다. 38플로린이면 그의 월급에 맞먹는 돈이었던 것이다. 리사가 슈베르트의 귀에 대고 속삭였다.

"슈베르트, 다음 달 방세는 어쩌려고 그래?"

"라이바하 음악학교로 옮기면 가불을 조금 받을 수 있을 거야. 그러니까 이 정도는 계산해도 괜찮아."

"하지만……."

"슈베르트, 괜찮으니까 무리하지 말아요."

테레즈도 말리고 나섰지만 그것이 오히려 슈베르트의 가슴에 불을 질렀다. 그가 자크의 얼굴을 똑바로 보며 또박또박 말했다.

"분명히 말하지만 이건 내가 계산할 겁니다."

"으음……."

신음을 흘리며 망설이던 자크도 결국 고개를 끄덕일 수밖에 없었다.

"정 그렇다면 계산하십시오. 대신 제가 술을 한 잔 대접하겠습니다."

"그게 좋겠군요."

슈베르트는 결국 38플로린이란 거금을 치르고 나왔다. 리사가 고개를 설레설레 흔들며 슈베르트를 따라갔다. 문득 돌아보니 여유만만하게 미소 짓고 있는 자크의 얼굴이 보였다.

'저 자크라는 남자, 어쩌면 슈베르트에겐 벅찬 상대일지도!"

　다음날도 그 다음날도 슈베르트는 테레즈와 데이트를 했다. 물론 자크도 함께였다. 자크는 시종일관 신사적이었다. 테레즈는 물론 슈베르트에게까지 한결 같았다. 하지만 그가 신사적으로 행동할수록 슈베르트는 점점 왜소해지는 자신을 느끼며 괴로워하는 것 같았다. 무엇보다 그를 힘들게 한 것은 이제 더 이상 호기를 부릴 돈마저 떨어졌다는 사실이었다. 당연히 모든 식사비와 술값을 자크에게 의지할 수밖에 없었고, 그것이 슈베르트의 자존심에 큰 상처를 입혔다. 그래도 슈베르트에겐 마지막 희망의 끈이 있었기에 그것을 꼭 붙들고 견딜 수가 있었다.
　'이제 곧 라이바하 음악학교에서 날 교사로 채용하겠다는 연락이 올 거야. 그때가 되면 자크에게 신세졌던 걸 한꺼번에 갚아야지.'

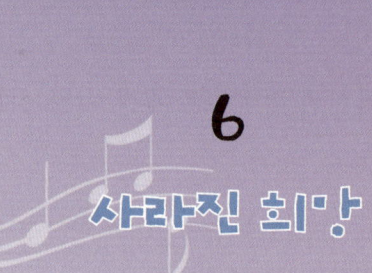

6
사라진 희망

♩♪~♪♫~♪♪~♫♩~♩♫~♪♪~♫♩~♩♪~♫♫~♩

주말 아침, 리사는 피아노 소리에 잠에서 깼다.
"으하암~ 오늘도 어김없이 피아노 소리에 깨는구나."
늘어져라 하품을 하며 리사는 오늘의 피아노 소리가 여느 때와는 조금 다르다고 생각했다. 아침햇살이 환하게 비추는 피아노 앞에 앉아 슈베르트는 어느 때보다 밝고 경쾌한 곡을 연주 중이었다.
리사가 하품을 억지로 누르며 물었다.
"슈베르트, 그건 무슨 곡이야?"
"응, 이건 〈주벨레〉란 이름의 칸타타야. 오늘 저녁 살리에리 선생님의 50년 근속축하연에서 연주하고 헌정할 곡이지."

"칸타타가 뭔데?"

"칸타타는 그냥 편안하게 연주한다는 뜻이야. 밝고 편안한 곡을 신나게 연주할 수 있도록 만든 노래라고 생각하면 돼."

"아하! 그래서 평소와는 조금 다른 느낌이 들었구나."

고개를 끄덕이던 리사가 눈을 반짝이며 슈베르트의 안색을 살폈다.

"그런데 오늘따라 슈베르트의 얼굴이 무척 밝아 보이는데? 테레즈한테 편지라도 받은 거야?"

"아니, 오늘이 바로 그날이잖니."

"그날이라니?"

"라이바하 음악학교에서 새로 뽑을 교사를 발표하는 날이라고."

"아! 오늘이 그날이었어? 그럼 빨리 가봐야지."

리사가 침대를 박차고 나왔다. 그녀도 슈베르트 만큼이나 흥분되고 떨렸다. 오늘을 슈베르트가 얼마나 기다려왔는지 누구보다 잘 알고 있었기 때문이다. 물론 살리에리 선생의 도움으로 합격은 따 놓은 당상이나 다름없었지만, 그래도 직접 결과를 듣는 게 중요했다.

슈베르트와 나란히 집을 나서며 리사가 밝은 표정으로 말했다.

"슈베르트, 교사로 채용되자마자 테레즈에게 청혼할 거지?"

"당연하지!"

슈베르트도 이번만은 자신만만한 표정으로 활짝 웃으면서 고개를 끄덕였다.

밖은 화창한 봄 날씨였다. 따사로운 볕이 비추는 거리에 한결 가벼워진 옷차림의 사람들이 넘실거리고 있었다. 슈베르트와 리사는 절로 콧노래를 부르며 라이바하 음악학교로 향했다. 학교에 도착하자마자 슈베르트는 교무과로 들어갔다. 교무과장에게 직접 채용 소식을 듣기 위해서였다.

하지만 꼬장꼬장하게 생긴 교무과장과 마주앉은 그는 전혀 예상치 못했던 끔찍한 소식을 듣게 되었다.

"미안하지만 슈베르트 씨, 우리 학교는 당신을 채용하지 않기로 했습니다. 안 좋은 소식을 전하게 되어 유감입니다."

"……!"

슈베르트와 리사는 초점을 잃은 눈으로 교무과장의 얼굴을 멍하니 바라보았다. 그러다 한참만에야 슈베르트가 심하게 갈라지는 목소리로 물었다.

"이, 이유를 물어봐도 되겠습니까?"

교무과장이 한쪽 다리를 꼬며 말했다.

"이유라는 게 뭐 있겠습니까? 경력이나 실력이 기준에 미치지 못한 것이지요."

"……!"

"슈베르트, 어쩜 좋아……."

절망적으로 일그러지는 슈베르트의 얼굴을 보며 리사도 눈물을 글썽였다.

대단한 충격을 받았음에도 불구하고 슈베르트는 국립 신학 학교로 향했다. 존경하는 살리에리 선생의 50년 근속축하연에 빠질 수는 없었기 때문이다. 대신 빈으로 향하는 기차 안에서 슈베르트는 한 마디도 하지 않았다.

♩♪~♪♫~♪♪~♫♩~♩♫~♪♪~♫♩~♩♪~♫♫~♩

유명인사들로 가득 찬 파티장 안에서 경쾌한 칸타타가 울려 퍼지고 있었다. 살리에리 선생을 비롯한 수많은 손님들이 연회장 한복판에 놓인 피아노 앞에서 최선을 다해 연주하는 슈베르트를 지켜보고 있었다. 땀방울이 송글송글 맺힌 그의 얼굴을 보며 리사는 안타까운 마음을 금할 수가 없었다. 라이바하 음악학교에서 교사로 뽑히지 못한지라 마음은 지옥 같은데, 마음과 정반대인 빠르고 신나는 곡을 연주하려니 무척이나 괴로울 것이 분명했다.

"와아아!"

짝짝짝짝!

마침내 슈베르트의 연주가 끝나자, 우레와 같은 박수소리가 울려 퍼졌다. 슈베르트가 의자에서 일어나 살리에리 선생을 향해 다가갔다. 그리고 존경심이 가득한 눈으로 스승을 바라보며 축하 말을 전했다.

"사랑하고 존경하는 살리에리 선생님의 50년 근속축하연에서 칸

타타 〈주벨레〉를 헌정하게 된 것을 무한한 영광으로 생각합니다."

"고맙네, 슈베르트. 자네의 선물을 영원히 잊지 않을 것이야."

살리에리가 만면에 미소를 머금고 다가와 슈베르트의 어깨를 감쌌다. 다정하게 포옹하는 스승과 제자를 바라보며 손님들이 다시 한 번 박수를 보냈다.

살리에리가 다른 손님들 쪽으로 떠나자마자 리사가 슈베르트에게 다가와 나직이 말했다.

"슈베르트, 지금이 기회야."

"기회라니?"

"살리에리 선생님한테 라이바하 음악학교 교사가 되지 못했다고 말해봐. 지금이라도 선생님께서 연락을 한 번 더 해주시면 안 되겠느냐고 말이야."

"으음······."

슈베르트가 고민스런 눈으로 손님들과 담소를 나누고 있는 살리에리를 바라보았다. 한동안 망설이던 그가 끝내 고개를 절레절레 흔들었다.

"선생님도 분명 최선을 다해서 나를 추천해 주셨을 거야. 그런데도 안 됐는데 계속 부탁드린다는 건 예의에 어긋나는 짓인 것 같아. 실력이 부족한 내 탓이지 뭐."

"지금 예의를 따질 때가 아니야. 테레즈를 먼저 생각해야지."

"아니, 역시 그만둘래."

"슈베르트!"

"잠깐 바람 좀 쐬고 올게."

슈베르트가 리사를 남겨두고 도망치듯 파티장을 빠져나갔다. 리사는 그런 슈베르트가 답답해서 발만 동동 굴렀다. 이때 리사의 눈에 이층으로 올라가는 살리에리의 모습이 들어왔다. 리사가 살리에리를 쫓아 계단 쪽으로 향했다.

"슈베르트가 못한다면 나라로 부탁해봐야지. 지금은 체면 따위를 따질 때가 아니라고."

서둘러 올라왔지만 그새 살리에리는 어디론가 사라지고 없었다. 널찍한 홀로 되어 있는 일층과는 달리 이층은 회랑처럼 기다란 복도 양옆으로 여러 개의 방이 배치되어 있는 구조였다.

"선생님이 대체 어디로 사라지셨지?"

기다란 복도를 따라 걸음을 옮기던 리사는 살리에리의 목소리를 듣고 우뚝 걸음을 멈추었다. 반가운 마음에 방안으로 들어가려던 리사가 멈칫했다.

"내가 직접 라이바하 음악학교 교장에게 말해서 슈베르트를 교사로 채용하지 말라고 말했다니까."

"아니, 대체 왜요? 슈베르트는 살리에리 선생님이 아끼는 제자가 아닙니까?"

"그 녀석은 어느 순간부터 내 제자가 아니었다오."

"대체 무슨 말씀이신지?"

"오늘 〈주벨레〉인가 하는 그 쓰레기 같은 칸타타를 들어보셨소? 나는 그 음악에서 모차르트의 느낌을 잔뜩 받았소."

"아! 생각해보니 그 장난스런 경쾌함이 정말 모차르트를 떠올리는군요."

"언제부턴가 슈베르트는 모차르트의 음악에 깊이 빠져들었소. 내가 여러 번 모차르트는 본받을만한 음악가가 아니라고 경고했건만, 녀석은 말을 듣지 않았지."

"그럼 그래서……?"

"그렇소. 나는 슈베르트를 나의 제자가 아닌 모차르트의 제자로 생각하게 되었고, 그 순간 나와 저 녀석의 인연은 완전히 끝나 버린 것이오. 나의 제자도 아닌 슈베르트를 내가 왜 라이바하 같은 좋은 학교에서 교사로 채용하게 내버려둔단 말이오?"

"아아……!"

리사는 손바닥으로 입을 틀어막고 비명을 가까스로 참았다. 영화를 통해 살리에리와 모차르트의 경쟁관계에 대해선 대충 알고 있었다. 하지만 모차르트에 대한 살리에리의 질투와 미움이 이 정도일 줄은 몰랐다. 게다가 슈베르트는 살리에리를 스승으로서 진심으로 존경하고 있지 않은가.

"어, 어떡하지? 이걸 슈베르트에게 알려야 하나? 대체 그에게 뭐라고 말하면 좋지?"

슈베르트가 받을 엄청난 충격이 두려워 리사는 이 끔찍한 사실을

어떻게 전해야 좋을지 상상조차 되지 않았다. 하지만 그것은 괜한 걱정이었다. 슈베르트는 어느새 리사의 등 뒤에 다가와 있었기 때문이다.

"슈, 슈베르트! 어, 언제부터 여기에……?"

슈베르트가 감정이라곤 느껴지지 않는 목소리로 대답했다.

"살리에리 선생이 나를 어떻게 생각하고 있는지 알기 충분한 때부터."

"슈베르트, 일단 진정하고…….."

"저리 비켜!"

슈베르트가 리사를 거칠게 밀치고 방문을 열어젖혔다. 몇몇 손님들과 와인을 마시며 키득거리던 살리에리가 놀란 눈을 하고 슈베르트를 돌아보았다.

"슈, 슈베르트! 노크도 없이 무례하구나."

"지금 무례하다고 하셨습니까?"

슈베르트가 무시무시한 얼굴을 들이밀며 격하게 말하자 살리에리가 움찔했다.

"정작 무례한 건 선생님입니다. 한평생 경쟁자인 모차르트를 인정하지 않고 질투만 하셨지요. 그리고 이젠 그 질투심 때문에 자신을 진정으로 존경하던 제자의 미래까지 망쳐 버리셨군요. 당신에게 있어 나는 이제 더 이상 제자가 아니라고 하셨지요? 그렇다면 저도 감히 말씀드리겠습니다. 당신처럼 옹졸하고, 비뚤어진 인간 역시 나의 스승이 될 자격이 없습니다."

"너, 너 이놈……!"

분을 이기지 못해 부들부들 떠는 살리에리의 얼굴을 무섭게 쏘아보던 슈베르트가 찬바람을 일으키며 돌아섰다.

"리사, 이 악취 풍기는 곳에서 당장 떠나자!"

"응! 슈베르트!"

리사가 얼굴이 흑빛으로 변한 살리에리를 향해 혀를 쏙 내밀며 슈베르트를 따라갔다.

밖으로 나오니 한밤중이었다. 슈베르트는 봄바람이 살랑살랑 불어오는 거리를 입을 꾹 다문 채 빠르게 걸어갔다. 리사는 숨을 헐떡이며 가까스로 쫓아갔다. 그에게 조금만 천천히 걸으라고 말하고 싶었지만 그럴 수가 없었다. 지금 멈추게 했다간 무슨 짓을 저지를지 모를 정도로 무서운 얼굴을 하고 있었기 때문이다.

"슈베르트, 괜찮아?"

인적이 드문 공원 한복판에서 우뚝 걸음을 멈추는 슈베르트를 향해 리사가 걱정스럽게 물었다. 슈베르트가 옆쪽에 서 있는 커다란 나무둥치를 주먹으로 때리며 버럭 소리를 질렀다.

쾅!

"으아아!"

슈베르트의 눈에선 뜨거운 눈물 한 줄기가 창백해진 그의 뺨을 타고 흘러내리고 있었다.

그 후 며칠 동안 슈베르트는 집안에 틀어박혀 꼼짝도 하지 않았다. 테레즈가 몇 번이나 찾아왔지만 슈베르트는 몸이 아프다며 만나주지 않았다. 리사가 얼굴도 내밀지 않는 슈베르트를 대신해 테레즈에게 사과를 했다.

"미안해, 테레즈. 슈베르트가 컨디션이 안 좋은 모양이야. 며칠 후에나 만나는 게 좋겠어."

"역시 자크 때문이겠지? 슈베르트가 오해를 풀 수 있도록 도와줘, 리사."

"테레즈!"

모든 것을 자신의 탓으로 돌리며 눈물을 글썽이는 테레즈를 보며 리사는 마음이 아팠다. 그리고 이렇게 착한 아가씨가 심약한 슈베르트의 아내가 되어 그를 위로하고 이끌어주었으면 좋겠다고 생각했다. 하지만 그러기엔 이 연약한 연인을 둘러싼 모든 상황이 너무 좋지 않았다.

쾅! 쾅! 쾅!

그로부터 일주일쯤 지난 아침에 누군가 거칠게 방문을 두드렸다. 침대에 웅크리고 있던 리사가 겨우 몸을 일으키며 짜증스런 표정을 지었다.

"으....... 예의없이 아침부터 누가 남의 집 방문을 이렇게 두드려

대는 거야?"

침대 밖으로 내려서다 말고 리사는 부욱 인상을 썼다. 방안은 그야말로 폭격이라도 맞은 듯 엉망진창이었다. 슈베르트가 모든 의욕을 잃고 방안에 틀어박히면서 먹다 남은 음식찌꺼기와 함께 찢어진 악보 같은 것들이 잔뜩 깔려 있었다. 소파에 등을 돌리고 누워 머리까지 담요를 뒤집어쓰고 있는 슈베르트를 째려보다가 리사가 문으로 향하며 말했다.

"쳇! 사람이 사는 방인지 돼지우리인지 모르겠군."

벌컥!

방문을 열어젖힌 리사가 씨익 웃으며 서 있는 자크를 발견하고 깜짝 놀랐다.

"자, 자크 씨?"

"안녕, 리사?"

"갑자기 어쩐 일이세요?"

"어쩐 일이긴? 내 친구 슈베르트를 만나러 왔지."

"어어……, 들어오면 안 되는데."

리사가 자크를 막아보려고 했지만 그는 막무가내로 밀고 들어왔다. 소파로 성큼성큼 다가간 자크가 담요를 휙 걷어내 버렸다. 깜짝 놀란 슈베르트가 까치집 머리에 수염이 난 까칠한 얼굴로 자크를 쳐다보았다.

"자크, 내 집에는 어쩐 일이오?"

사라진 희망 133

"일단 세수부터 하고 나갑시다."

성화에 못 이겨 억지로 일어나 앉는 슈베르트의 얼굴엔 불쾌한 기색이 역력했다.

"어딜 가자는 말이오?"

"테레즈를 만나러 가자는 겁니다."

"……."

미간을 좁힌 채 자크의 얼굴을 지그시 보던 슈베르트가 고개를 흔들었다.

"실은 몸이 안 좋아서 외출을 자제하고 있소. 테레즈를 만나려면 혼자 만나시오."

자크가 옆머리를 긁적이며 쑥스러운 듯 웃었다.

"나도 물론 그리고 싶지만 당신과 동행하지 않으면 테레즈가 날 절대로 만나주지 않겠다고 해서 말이오. 그러니까 어쩔 수 없소. 빨리 씻고 나와 함께 나갑시다."

"글쎄, 난 싫다니까요!"

"슈베르트! 당신 이렇게 옹졸한 남자였어!"

"뭐라고? 지금 나한테 옹졸하다고 했어?"

슈베르트가 이를 악물고 일어섰다. 얼굴을 맞대고 으르렁거리는 두 남자가 당장이라도 주먹을 날릴 것만 같아 리사는 불안하기만 했다. 리사가 두 남자를 말리려는 순간, 자크가 불쑥 말했다.

"오늘이 테레즈의 생일인 건 알고 있소?"

"오늘이 테레즈의 생일……?"

그제야 슈베르트의 눈이 휘둥그레졌다. 자크가 슈베르트의 얼굴을 똑바로 보며 추궁하듯 말했다.

"그렇소. 테레즈의 생일이오. 그런데 못난 남자친구 때문에 테레즈는 골방에 처박혀 눈물만 흘리고 있소. 그러니 당신이 진정한 남자친구라면 나와 함께 가서 오늘 하루만이라도 그녀를 즐겁게 해주잔 말이오."

"으음……."

자크의 얼굴을 뚫어져라 보며 망설이던 슈베르트가 결국 고개를 끄덕였다.

"좋소, 갑시다."

"슈베르트!"

집 밖으로 나와 슈베르트를 발견한 테레즈의 얼굴이 환해졌다. 자크가 짐짓 섭섭한 듯 투덜거렸다.

"이런, 테레즈의 눈에는 슈베르트만 보이는 모양이군? 너도 섭섭하지, 리사?"

"하나도 안 섭섭하거든요."

자크가 그러든 말든 테레즈가 슈베르트의 손을 덥석 잡았다.

"몸은 이제 다 나은 거예요?"

"으응!"

"이렇게 찾아와줘서 고마워요."

"오늘이 테레즈의 생일이라지?"

"그, 그렇긴 한데……."

"우리 오늘 재미있게 놀자. 그래도 생일인데 집에만 있을 수는 없잖아."

"하지만 자크 씨는……."

테레즈가 곤란한 눈으로 자크를 쳐다보자, 슈베르트가 씨익 웃으며 고개를 끄덕였다.

"자크 씨도 테레즈의 생일을 축하해주러 온 친구니까 함께 가도 괜찮아."

"좋아요! 그럼 가요!"

봄이 깊어지고 있는 거리를 걸어 슈베르트와 테레즈 그리고 자크와 리사가 향한 곳은 시내의 유명한 양장점이었다.

"자크, 여기에는 왜 온 거예요?"

의아한 듯 묻는 테레즈의 등을 억지로 떠밀며 자크가 양장점 안으로 들어갔다. 자크가 들어서자 머리를 풍성하게 말아 올린 여주인이 반색하며 맞이했다.

"오, 자크 씨! 어서 와요!"

"안녕하세요, 퀸즈 부인. 전에 말했던 그 옷은 완성됐나요?"

여주인이 의미심장한 눈으로 테레즈를 위아래로 훑어본 후 미소 지으

사라진 희망

며 대답했다.

"흐음, 이 분이 바로 자크 씨의 마음을 사로잡은 피앙새인가요?"

"네, 바로 그녀에요. 애석하게도 저는 아직 그녀의 마음을 눈곱만큼도 얻지 못했지만요"

"너무 걱정 말아요, 자크. 당신의 선물을 보면 그녀의 마음도 분명히 움직일 거예요."

짝짝!

여주인이 손뼉을 치자 젊은 종업원 두 명이 실크로 지은 롱드레스 한 벌을 조심스럽게 받쳐 들고 나왔다. 그들이 그것을 테레즈의 눈앞에서 촤르륵 펼치자 그녀의 입에서 저도 모르게 감탄사가 새어나왔다.

"와아, 정말 아름다운 드레스야."

그것은 정말 보기 드물게 예쁜 드레스였다. 고급스런 푸른색 옷감으로 지은 드레스는 전체적으로 아름다운 굴곡을 뽐냈다. 목 부분에 둘러진 레이스와 소매에 달린 은장 단추 등 작은 장식과 소품 하나하나 정성을 들인 흔적이 역력했다. 여주인이 테레즈의 몸에 드레스를 대보며 호들갑을 떨었다.

"어쩜! 정말 잘 어울리는군요. 이 드레스를 입고 파티에 참석하면 분명 모든 신사들의 시선을 사로잡을 수 있을 거예요."

테레즈가 놀란 눈으로 자크를 돌아보았다.

"자크, 이 옷은 대체 뭐예요?"

"선물이야. 오늘은 테레즈의 생일이잖아."

"싫어요! 절대로 받을 수 없어요!"

"테레즈 그냥 선물이라고. 부담 없이 받아주면 안 돼?"

"어떻게 부담 없이 받아요? 언뜻 봐도 굉장히 비싼 옷 같은데요."

"그냥 내 마음이라 생각하고 받아줘."

"저는 분명히 받을 수 없다고 말했어요."

테레즈가 입구를 향해 돌아서려는데, 슈베르트가 그녀의 팔을 살포시 잡으며 말했다.

"주는 사람의 성의를 생각해서 받지 그래."

"하지만……."

슈베르트가 싱긋 미소를 지었다.

"나 때문이라면 괜찮아. 오늘은 테레즈의 생일이잖아. 나도 테레즈한테 좋은 선물을 해주고 싶었는데, 자크가 대신 해준다니 오히려 다행이야."

"정말 받아도 괜찮아요?"

"괜찮고말고."

"알았어요. 그럼 받을게요. 자크, 고마워요."

"이거 드레스는 내가 준비했는데, 막상 테레즈에게 선물하는 사람은 슈베르트 같은 느낌이 드는 건 왜지?"

섭섭한 듯 어깨를 으쓱하는 자크의 옆구리를 리사가 쿡 찌르며 말했다.

사라진 희망

"그냥 모른척해요. 오늘은 테레즈를 즐겁게 해주는 것에만 신경 쓰자고 말한 건 당신이잖아요."

"하하! 리사한테는 당할 수가 없다니까. 좋아, 이제 저녁식사를 하러 가자."

자크가 슈베르트와 테레즈를 데려간 곳은 빈을 관통하는 도나우 강에 떠 있는 선상 레스토랑이었다. 노을이 잔잔하게 번지는 강물을 가로지르는 유람선의 이층은 실내악단의 훌륭한 연주와 맛깔스런 요리를 자랑하는 최고급 레스토랑이었다.

♩♪~♫♫~♪♪~♩♪~♫~♩♪~♫♫~♪♪~♫♫~♪♪~

주로 현으로 이루어진 악단이 부드러운 실내악을 연주하는 가운데 자크, 슈베르트, 테레즈, 리사는 최고급 해산물 성찬이 차려진 식탁에 앉아 조금씩 붉은 빛이 더해가는 하늘과 강물을 감동스런 눈으로 바라보았다. 망치로 껍질을 깨고 랍스터의 속살을 맛본 리사의 입에서 감탄사가 흘러나왔다.

"와아! 이 랍스터 좀 먹어봐요. 씹기도 전에 입에서 살살 녹아 버리는 게 진짜 맛있어요."

자크가 빙그레 웃으며 와인 병을 들었다.

"오늘은 특별한 날이니까 와인 한 잔씩 할까?"

자크가 슈베르트와 테레즈의 잔에 와인을 따르고 마지막으로 자신의 잔에도 따랐다. 자크가 술잔을 들고 테레즈를 그윽하게 바라보며 말했다.

"테레즈의 생일을 위하여! 그리고 테레즈의 영원한 행복을 위하여!"

"위하여!"

채앵!

미묘한 관계의 세 남녀가 술잔을 부딪쳤다. 단숨에 잔을 비운 자크가 품속에 손을 넣었다. 그리고 작은 상자를 테레즈 쪽으로 쓰윽 내밀었다.

"테레즈 나의 두 번째 선물을 받아주겠어?"

"선물이 또 있다고요?"

테레즈가 찜찜한 표정으로 상자를 들어올렸다. 그녀가 의견을 구하듯 돌아보자 슈베르트는 열어보라는 듯 고개를 살포시 끄덕였다. 상자의 뚜껑을 천천히 여는 테레즈의 입에서 저도 모르게 탄성이 새어나왔다.

"아!"

슈베르트와 리사의 눈도 휘둥그레졌다. 상자 안에는 영롱하게 빛을 발하는 다이아몬드 반지가 들어 있었기 때문이다.

"이, 이건……?"

당황스런 눈으로 쳐다보는 테레즈를 향해 자크가 씨익 웃으며 말했다.

"맞아. 난 지금 테레즈에게 청혼하고 있는 거야. 당신이 만약 그 반지를 받아준다면 나는 내 몸과 마음을 다 바쳐 평생 당신을 행복하게 해줄 거야."

"......!"

너무 갑작스럽게 벌어진 일에 테레즈는 한동안 멍해져 있었다. 리사가 힐끗 슈베르트의 얼굴을 쳐다보았다. 당연히 그의 얼굴은 참혹할 정도로 일그러져 있었다.

리사가 이번에는 불안한 눈으로 테레즈를 보았다. 부자이면서 자신에게 적극적인 남자 자크와 찢어지게 가난하면서도 소심해서 확신을 심어주지 못하는 슈베르트. 둘 중 한 명을 선택해야 하는 상황이 온다면 누구를 택할지는 불을 보듯 뻔한 일이 아닐까? 한동안 상자 안의 다이아몬드 반지를 뚫어져라 보던 테레즈가 결심한 듯 상자 뚜껑을 닫았다.

타악!

날카로운 소리가 울려 퍼지자 이번엔 자크의 얼굴이 실망스럽게 변했다. 테레즈가 자크 쪽으로 상자를 돌려주며 확고한 목소리로 말했다.

"나처럼 보잘 것 없는 여자에게 늘 잘해주고, 청혼까지 해줘서 고마워요. 하지만 이 청혼은 받아들일 수가 없어요."

테레즈가 슈베트르의 얼굴을 스윽 돌아보았다.

"왜냐하면 내게는 이미 사랑하는 사람이 있으니까요."

"으음······."

자크의 입술을 비집고 고통스런 신음이 새어나왔다. 그의 표정이 점점 어두워지는 것을 지켜보며 리사는 자크에게 처음으로 동정심을 느꼈다. 입술을 지그시 깨물고 슈베르트와 테레즈의 얼굴을 번갈아 쳐다보던 자크가 뒤통수를 긁적이며 쑥스럽게 웃었다.

"하하하! 결국 예상대로 보기 좋게 퇴짜를 맞았군. 내 이럴 줄 알았지. 역시 슈베르트에게서 테레즈의 마음을 빼앗아오는 건 불가능한 건가?"

자크가 웃음을 뚝 그치고 슈베르트를 쳐다보았다.

"슈베르트."

"으응······?"

"나는 패배를 깨끗하게 인정할 생각이야. 그러니까 이젠 슈베르트 차례야."

"무슨 말이지?"

"지금 당장 테레즈에게 청혼해. 그럼 나도 깨끗이 포기할게."

"가······ 갑자기 그게 무슨······?"

"가난하기 때문에 당장은 힘들다는 변명 따윈 하지 마. 내가 아는 테레즈는 당신이 가난하든 부자든 상관하지 않고 무조건 청혼을 받아들일 테니까. 더 이상은 테레즈를 고통 속에서 기다리게 만들지 말라는 뜻이야."

"으음······."

사라진 희망

깊은 신음을 흘리는 슈베르트의 얼굴을 자크와 테레즈가 숨을 죽인 채 지켜보았다. 테레즈의 눈빛도 어느새 간절해져 있었다. 자크가 그녀의 마음을 정확하게 표현해 주었던 것이다. 그녀는 슈베르트가 가난하든 가난하지 않든 청혼한다면 기꺼이 받아들일 준비가 되어 있었다. 그리고 그녀는 지금 사랑하는 남자가 용기를 내어주기를 간절히 원하고 있었다.

하지만 슈베르트는 이번에도 결여된 자신감을 회복하지 못했다.

"미, 미안하지만 나는 똑같은 말을 반복할 수밖에 없어. 테레즈를 사랑하지만 지금 당장은 청혼할 형편이 되지 못해."

"아아……!"

테레즈의 입술을 비집고 실망스런 신음이 흘러나왔다. 자크가 한심하다는 표정으로 고개를 설레설레 흔들었다.

"슈베르트, 정말 구제불능이군. 그렇게 결단력이 없어서야 어떻게 한 여자를 행복하게 해줄 수가 있겠어?"

콰앙!

"당신이 뭘 안다고 그래?!"

슈베르트가 주먹으로 식탁을 내리치며 버럭 소리를 쳤다. 자크와 테레즈가 눈을 동그랗게 뜨고 슈베르트의 얼굴을 보았다. 그가 온몸을 부들부들 떨며 절망적인 목소리로 내뱉었다.

"나도 테레즈에게 청혼하기 위해 최선을 다했어. 내게는 라이바하 음악학교의 교사가 되는 게 테레즈와 행복한 가정을 꾸릴 수 있는

유일한 희망이었지. 그런데 그마저도 실패하고 말았어. 내게 남아 있던 마지막 희망이 사라지고 지금 나한텐 캄캄한 동굴 같은 절망만이 남아 있단 말이야. 테레즈에게 그 음습하고 어두운 동굴 속으로 함께 걸어 들어가자는 말을 어떻게 아무렇지도 않게 할 수가 있겠어, 안 그래?"

"……."

자크와 테레즈 모두 할 말을 잃고 씩씩대는 슈베르트의 얼굴을 바라보았다. 그러다 테레즈가 손을 뻗어 슈베르트의 손등을 어루 만지며 미소 지었다.

"걱정하지 말아요, 슈베르트. 나는 언제까지나 당신을 기다릴 수 있어요."

"미안해, 테레즈. 나란 녀석은 당신을 힘들게만 만드는 것 같아. 나는 정말 못난 남자야."

"오! 제발 그런 말은 말아요. 당신은 내가 알고 있는 최고의 음악가인 걸요."

"정말이지 앞으로 어떻게 살아가야 할지 모르겠어."

절망에 빠져 있는 슈베르트와 그를 위로하려고 전전긍긍하는 테레즈를 물끄러미 바라보던 자크가 확고한 목소리로 말했다.

"슈베르트, 나는 분명 당신에게 기회를 줬어. 당신이 좋아서가 아니라 당신을 좋아하는 테레즈의 마음을 존중하기 위해서였지. 그런데 지금 보니 당신은 테레즈의 마음을 받아들일 준비가 되어 있지

사라진 희망 145

않은 것 같군. 그래서 나도 포기하지 않기로 했어. 나는 이제부터 더 이상 누구의 눈치도 보지 않고 최선을 다해서 테레즈의 마음을 얻으려고 노력할 생각이야."

"……!"

슈베르트가 결연하게 눈을 빛내는 자크의 얼굴을 멍하니 바라보았다. 리사도 자크를 보며 불안한 마음을 누를 수가 없었다.

'아…… 슈베르트는 어쩌면 자크로부터 테레즈를 지킬 수 있는 마지막 기회를 걷어차 버린 것인지도.'

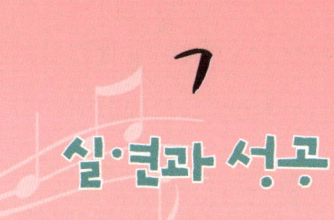

실연과 성공

 물론 슈베르트도 자신의 연적이 사랑하는 여자를 빼앗아가도록 내버려두지만은 않았다.
 집으로 돌아온 슈베르트는 테레즈를 지키기 위해 자신이 할 수 있는 최선을 다했다. 그가 할 수 있는 최선의 노력이란 바로 음악에 더욱더 전념하는 것이었다. 슈베르트는 유일한 수입원이었던 리히텐탈 초등학교 교사직도 그만두고, 미친 듯이 피아노를 두드리며 작곡에 전념했다.
 "슈베르트, 뭐라도 먹으면서 하면 안 될까? 쉬지도 않고…… 이러다 병나겠어."
 리사가 걱정스럽게 말하면 슈베르트는 악보에서 눈도 떼지 않은 채 말하곤 했다.

"리사, 나는 지금 절박해. 나로선 테레즈를 지킬 수 있는 유일한 방법은 음악적으로 크게 성공하는 길 뿐이야. 그러니까 제발 말리지 말아줘."

"아무리 그래도 그렇게 계속 무리하다간 병이 나고 말 거라구……."

"병이 나도 어쩔 수 없지."

이 정열적인 노력의 시기에 슈베르트는 유명한 제4 교향곡 〈비창〉, 가극 〈인질〉, 〈피아노와 바이올린을 위한 소나타〉, 가곡 〈송어〉, 〈죽음과 소녀〉 등을 작곡했다. 빈의 음악계에서도 슈베르트의 이름이 조금씩 알려지기 시작했다. 하지만 생활이 나아질 정도의 유명세는 아니었다. 슈베르트는 좀 더 확실하게 자신을 알리기 위해서 여름이 지나고 가을이 지나고 새로운 겨울이 찾아올 때까지 음악에 집중하고 또 집중했다. 그러다 마침내 리사가 걱정하던 일이 터지고 말았다.

"우웨엑!"

"아악! 슈베르트!"

그날도 밤늦게까지 피아노를 두드리던 슈베르트가 갑자기 피를 토하며 쓰러졌다. 깜짝 놀란 리사가 슈베트르를 질질 끌다시피 해서 침대에 눕히고 의사를 불렀다. 슈베르트를 진찰한 의사가 심각한 얼굴로 말했다.

"영양상태가 심각하구나. 그 바람에 폐까지 안 좋아진 것 같아. 절대 무리하지 말고 안정을 취해야 한다."

"네, 선생님."

의사가 돌아가자마자 리사는 찬물이 담긴 양동이에 수건을 넣고 슈베르트 옆에 앉았다. 리사가 젖은 수건을 꾹 짜서 이마에 얹어주자 슈베르트가 배시시 웃었다.

"이러고 있으니까 옛날 생각이 나는군."

"그걸 아직도 기억하고 있어?"

"물론이지. 리히텐탈 교회에서 첫 번째 연주회를 앞두고 너무 긴장한 나머지 내가 병이 나버렸잖아. 그때도 리사가 수건으로 열병에 시달리는 내 몸을 식혀주었지."

"후훗! 맞아, 그땐 얼마나 놀랐는지 몰라."

리사가 진지하게 친구의 이름을 불렀다.

"슈베르트."

"응."

"이제 그만해."

"……."

"이러다 정말 큰 병에 걸리면 그건 오히려 테레즈를 불행하게 만드는 일이야."

"리사."

"응?"

"내가 우유부단하고 생각하고 있지?"

"그건……."

"나도 실은 테레즈에게 청혼하고 싶었어. 하지만 나처럼 가난을 겪어본 사람만이 가난이 얼마나 사람의 영혼을 지치게 만드는지 알고 있지. 음악은 내가 테레즈에게 당당하게 청혼할 수 있는 유일한 수단이야. 내가 테레즈를 포기하지 않는 이상 음악 또한 포기할 수가 없어."

"슈베르트, 미안해."

"응? 뭐가?"

"나는 슈베르트가 이렇게까지 절실한지 몰랐어. 나는 단지 슈베르트가 용기가 부족해 테레즈에게 청혼하지 못한다고 생각했거든. 그런데 이제 보니 슈베르트도 슈베르트만의 방식으로 최선을 다하고 있었어."

"역시 날 이해해주는 사람은 리사 뿐이구나. 리사는 정말 내 인생의 등불 같은 친구야."

"슈베르트야말로."

겨울 내내 슈베르트는 몸이 좋지 않았다. 그는 때때로 기침을 토했고, 열병에 시달리기도 했다. 그 와중에도 그는 작곡을 멈추지 않았다. 그것이 모두 테레즈를 위한 노력임을 알고 있는 리사도 더 이상 말리지 못했다.

이 시기의 치열한 노력은 음악가 슈베르트의 이름을 세상에 알리는 밑거름이 되었다. 하지만 지나치게 무리하는 바람에 건강을 완전

히 해치는 계기가 되기도 했다.

 어느새 겨울이 끝나고 봄이 시작되고 있었지만 테레즈는 이상하리만치 모습을 보여주지 않았다. 적어도 일주일에 한두 번씩은 꼭 음식을 만들어서 집에 들렀던 그녀가 몇 주째 소식이 없자, 슈베르트도 불안해하기 시작했다.

 "테레즈에게 무슨 문제라도 생긴 건가?"
 "그렇게 걱정되면 한 번 가보는 건 어때?"
 "하지만 그녀의 어머니가 날 워낙 싫어하시잖아."
 "하긴……."

 봄이 짙어지는 어느 날, 슈베르트는 더 이상 견디지 못하고 테레즈의 집으로 향했다. 오랜만에 밖으로 나온 슈베르트의 몰골은 말이 아니었다. 긴 시간 동안 햇빛을 보지 못한 그의 얼굴은 창백했고, 턱에는 수염이 까칠했다. 그래도 오랜만에 테레즈를 만난다는 생각에 콧노래까지 흥얼거리고 있었다. 하지만 테레즈의 잼 가게 앞에 도착했을 때, 그의 좋은 기분은 순식간에 깨지고 말았다. 걱정했던 대로 테레즈의 엄마가 슈베르트의 몰골을 위아래로 훑어보며 한심하다는 듯 혀를 차며 말했던 것이다.

 "쯔쯧, 이젠 아주 폐인의 몰골을 하고 돌아다니는군. 다시는 우리 테레즈를 만날 생각을 하지 말아요. 테레즈는 이 봄이 가기 전에 자크와 결혼식을 올리기로 했으니까."

"그, 그게 정말입니까?"

놀라 눈을 부릅뜨는 슈베르트를 향해 테레즈의 엄마가 코웃음을 치며 말했다.

"내가 왜 거짓말을 하겠어요? 정 궁금하면 테레즈에게 직접 물어 보든가."

"테레즈는 지금 어디에 있나요? 당장 만나게 해주십시오."

"그렇게 소란 떨 필요 없어요. 테레즈는 당신 뒤에 서 있으니까."

"!"

슈베르트가 눈을 부릅뜨며 휙 돌아섰다. 순간 우두커니 서 있는 테레즈의 모습이 들어왔다. 슈베르트가 테레즈에게 한 걸음 다가서며 절박한 얼굴로 물었다.

"테레즈, 아니지? 자크와 결혼한다는 말 사실이 아니지?"

"……."

"테레즈!"

"미안해요, 슈베르트."

테레즈가 나직이 내뱉는 순간, 슈베르트의 얼굴이 절망적으로 일그러졌다.

"당신이 어떻게, 내게 어떻게 이럴 수가?"

"진심으로 미안해요. 하지만 나는 완전히 지쳐 버렸어요. 당신은 지난 겨울 내내 내게 얼굴 한 번 보여주지 않았죠. 그 사이에 자크는 거의 매일 나를 찾아와서 나를 위로해 주었어요. 그의 따뜻한 배려

로 꽁꽁 얼어붙어 있던 그를 향한 내 마음이 조금씩 녹아내렸어요."

"아아……."

탄식하는 슈베르트를 향해 테레즈가 절박하게 외쳤다.

"하지만 아직 기회는 남아 있어요!"

"기회라니?"

"지금이라도 당장 내게 청혼해줘요. 그럼 나는 모든 걸 버리고 당신에게 갈 수도 있어요!"

테레즈의 엄마가 기절할 것 같은 얼굴로 소리쳤다.

"테레즈, 대체 무슨 소리를 하는 거니?"

엄마의 말을 무시하고 테레즈가 슈베르트를 향해 한 걸음 다가가서 그의 손을 잡았다.

"슈베르트, 신이 우리에게 주신 마지막 기회에요. 제발 이 기회를 흘려보내지 말아요."

"아아, 나는…… 나는……."

자신을 향해 다가오는 테레즈를 피해 천천히 뒷걸음질 치던 슈베르트가 휙 돌아서서 도망쳐 버렸다.

"슈베르트! 슈베르트! 이리 돌아와요!"

테레즈가 멀어지는 슈베르트를 향해 소리를 질렀다. 그런 딸의 옆에서 테레즈의 엄마가 웃음을 터뜨렸다.

"깔깔깔깔! 역시 형편없는 녀석이라니까! 이런 상황에 도망이나 치다니! 테레즈, 저 녀석에 대한 기대는 던져 버리고 빨리 자크와 결

혼할 준비나 해라!"

"아, 슈베르트! 우린 정말 이렇게 끝나는 건가요?"

테레즈가 안타깝게 눈물을 흘렸다.

♩♪~♪♫~♪♪~♫♩~♩♫~♪♪~♫♩~♩♪~♫♫~♩♫

방안에선 피아노 소리가 밤새 끊임없이 울려 퍼지고 있었다. 테레즈로부터 도망친 그날 이후, 슈베르트는 한 달 내내 아무것도 먹지 않고, 잠도 자지 않고 계속 피아노 건반만 두드렸다. 리사는 한숨만 푹푹 몰아쉬면서 미친 사람처럼 피아노만 치는 슈베르트의 모습을 지켜보았다. 그러다 한참을 망설인 끝에 리사가 슈베르트를 향해 외쳤다.

"슈베르트, 제발 그만해!"

"……."

"그만하라니까!"

"헉헉……."

"이러다 정말 큰일나겠어."

"리사."

"으응?"

"오늘이 바로 테레즈와 자크가 결혼식을 올리는 날이야."

"알고 있어."

"리사도 내가 바보처럼 보이지?"

"그, 그렇지는 않아."

"지금이라도 결혼식이 열리는 리히텐탈 교회로 가서 테레즈의 손을 잡고 도망쳐야 하지 않을까?"

"……."

"하지만 그게 과연 테레즈를 위하는 일일까? 오히려 너무 염치없는 짓이 아닐까?"

"슈베르트……."

리사는 아니라고 말하고 싶었다. 현실이 아무리 힘들어도 테레즈를 이런 식으로 보내는 건 아니라고 설득하고 싶었다. 하지만 리사는 선뜻 입을 열 수가 없었다. 사람마다 성격이 다르고, 처한 사정이 다른 것이다. 리사가 고민에 빠져 있을 때, 슈베르트가 자리를 박차고 일어섰다.

"리사, 가자!"

"설마 결혼식장에 가는 거야?"

잠시 후, 슈베르트와 리사는 리히텐탈 교회가 내려다보이는 언덕 위에 서 있었다.

뎅~ 뎅~ 뎅~ 뎅~

교회에선 결혼식의 주인공인 신랑과 신부를 축하하는 종소리가 울려 퍼지고 있었다. 종소리가 완전히 그칠 때까지 슈베르트는 꼼짝도

하지 않고 교회의 파란색 지붕을 뚫어져라 보고 있었다.

"슈베르트, 울고 있는 거야……?"

그의 창백한 뺨을 타고 흐르는 굵은 눈물을 발견하고 리사도 울먹였다. 맹세컨대, 리사가 지금껏 보았던 것 중에 가장 서글픈 눈물이었다. 한동안 입술을 떨며 소리 없이 울고 있던 슈베르트가 떨리는 목소리로 말했다.

"이것으로 나의 사랑은 끝났어. 아마도 살아가는 동안 다시는 진실한 사랑을 할 수 없을 거야."

"……."

뭐라고 말해야 좋을지 몰라 입을 다물고 있는 리사를 뒤로하고 슈베르트가 천천히 돌아섰다.

"슈베르트! 슈베르트! 또 어디로 가는 거야?"

슈베르트는 그 길로 헝가리 웨레스로 향했다. 리사는 모르고 있었지만 얼마 전 그는 한 지인으로부터 웨레스 에스테르하지 백작의 두 딸의 음악교사로 와줄 수 있느냐는 요청을 받았던 것이다. 실연의 상처를 잊기 위해 무작정 리히텐탈로부터 멀어질 필요가 있었던 그는 여행가방조차 챙기지 않고 바로 헝가리 행 기차에 몸을 실은 것이다.

"어서 오시오, 슈베르트 선생. 진심으로 환영하오."

에스테르하지 백작은 친절한 사람이었다. 그의 두 딸 역시 귀엽

고 상냥한 아가씨들이었다. 슈베르트는 갑작스럽게 찾아온 이 피난처에서 상처 입은 마음을 치유하기 위해 애를 썼다. 낮에는 두 아가씨에게 피아노와 바이올린을 가르쳤고, 저녁이면 자신만의 곡을 작곡했다. 테레즈와 헤어졌지만 그는 여전히 작곡에 몰입했다. 어쩌면 시련의 상처로부터 벗어나기 위한 몸부림이었을지도 모른다. 헝가리에서 지내는 넉 달 동안 슈베르트는 주옥과도 같은 〈C Major 제6 교향곡〉과 〈C Major 제4 미사곡〉 등을 탄생 시켰다.

그러나 이 많은 작품의 탄생 보다도 헝가리에서의 생활 중 슈베르트의 음악인생에 가장 중요한 영향을 끼친 사건은 따로 있었다.

"선생님! 선생님! 일어나세요!"

"저희와 함께 소풍가요!"

헝가리에서의 한여름 아침, 에스테르하지 백작의 유쾌한 두 딸이 자신들의 음악선생의 방문을 열어젖히고 뛰어 들어왔다. 리사와 함께 토스트와 홍차로 간단한 아침식사를 하고 있던 슈베르트가 의아한 얼굴로 물었다.

"갑자기 소풍이라니?"

두 아가씨가 다짜고짜 슈베르트의 양팔을 잡아끌었다.

"아빠도 허락하셨어요."

"빨리 들판으로 나가요."

비록 두 아가씨의 극성에 못 이겨 억지로 들판으로 나왔지만 슈베르트와 리사는 곧 나오길 잘했다고 생각하게 되었다. 백작가 근처

의 들판은 아름답고 풍요로웠다. 뭉게구름이 한가롭게 흘러가는 하늘 아래에는 아름드리 나무들이 짙은 그늘을 만들었고 들판 곳곳에는 이름 모를 여름꽃들이 무리지어 피어 있었다. 그 꽃향기들을 맡고 있자니 쌓여있던 모든 걱정거리들이 사라지는 걸 느꼈다. 생명의 기운으로 충만한 들판에 돗자리를 깔고 앉아 슈베르트와 리사와 두 아가씨는 도시락으로 싸온 치즈와 과일을 나눠 먹었다.

"호이~ 호이~ 호이~"

♩♪~♪♩~♫♪~♪♩~♫~

이때 들판 저쪽에서 경쾌한 노랫가락과 음악소리가 들려왔다. 슈베르트가 귀를 쫑긋 세우며 백작의 두 딸을 향해 물었다.

"저게 무슨 소리지?"

"집시들이 노래를 부르는 거 같은데요?"

"집시라고?"

슈베르트의 표정이 흥미진진하게 변했다. 집시란 어떤 나라에도 소속되지 않고 유럽 전역을 떠돌며 살아가고 있는 유랑민들을 가리키는 말이다. 이들은 생업에 종사하지 않고 음악과 여러 예능을 사람들에게 선보이고 그 대가를 받으며 살아간다.

슈베르트가 자리에서 일어서며 음악이 들려오는 방향을 향해 걸음을 옮기기 시작했다.

"예전에 빈에서 집시풍의 음악을 들은 적이 있어. 곡조가 매우 경쾌하고 독특해서 언젠가 꼭 한 번 집시들의 연주를 직접 들어보고 싶었지."

백작의 두 딸이 리사와 함께 슈베르트의 옷자락을 잡으며 따라가며 다급히 말렸다.

"가지 마세요, 선생님."

"집시들은 포악한 종족들이라고요."

"내가 알기론 그건 오해란다. 집시들은 매우 유순한 사람들이라고 알고 있어."

"그래도 조심하세요."

"그들 대부분은 도둑이라고요."

딸들이 계속 말렸지만 슈베르트는 기어이 집시들을 향해 다가갔다. 콧수염을 길게 기른 남자들과 통이 넓은 치마를 입은 여자들이 들판 한복판에 마차를 세워두고 손풍금을 켜며 신나게 춤추며 노래를 부르고 있었다. 슈베르트와 리사 등이 다가오자 집시들은 반갑게 손짓을 했다.

"어서 이리 와요!"

"우리와 함께 춤춥시다!"

망설이는 리사와 두 딸을 남겨두고 슈베르트가 집시들에게 걸어갔다. 한쪽 발을 까닥이며 집시들이 연주하는 음악을 음미하던 그가 마침내 집시들과 어울려 신나게 춤추기 시작했다.

"리사 빨리 와! 너희들도 어서 오려무나!"

서로의 얼굴을 보며 망설이던 리사와 두 딸도 결국 집시들을 향해 뛰어들었다.

♩♪~♪♩~♫♪~♪♩~♫♫~♪♪~♫~

"깔깔깔! 이거 정말 신나는걸!"

"하하하! 어떠냐? 집시들의 음악이 정말 매력적이지 않니?"

집시들과 손에 손을 잡고 둥글게 둘러서서 춤추며 슈베르트와 리사와 백작의 딸들은 신나게 웃었다. 함박웃음을 터뜨리는 슈베르트의 얼굴을 보며 리사는 그가 웃는 모습을 본 게 몇 개월만인지 헤아려보고 있었다.

넉 달 만에 오스트리아로 돌아온 슈베르트는 옛사랑의 기억이 남아 있는 리히텐탈을 떠나 빈에 집을 얻었다. 그해 가을부터 슈베르트는 그토록 고대했던 음악적 성공을 거두기 시작했다. 아이러니하게도 실연의 상처는 그의 음악에 깊이를 더해주었고, 헝가리에서 우연히 만나 한 달 내내 함께 지냈던 집시들은 그의 음악을 한결 자유롭게 만들었다. 그리고 그것은 자연스럽게 그의 음악에 대한 관심으로 이어졌다.

이 시기에 슈베르트는 가극 〈알폰소와 에스트렐라〉를 작곡했고,

평소 존경하는 베토벤을 위해 〈베토벤에게 드리는곡-프랑스 노래에 의한 변주곡〉을 발표해서 크게 호평을 받았다.

사방에서 슈베르트를 찾기 시작했고, 그럼 그는 어디든 달려가 자신의 곡을 연주했다. 너무 무리한다 싶어 리사가 말려보았지만 슈베르트는 늘 고개를 가로저었다.

"리사, 나는 지금까지 이런 성공을 꿈꿔왔어. 그런데 이제 와서 조금 힘들다고 이런 기회를 차버린다면 말이 안 되잖아?"

슈베르트가 테레즈에 대한 기억을 지우려고 미친 듯이 일에 몰두하는 것만 같아 리사는 마음이 아팠다. 그리고 이미 한 번 크게 손상됐던 건강이 더 나빠질까봐 걱정이 되기도 했다. 그리고 리사의 이러한 걱정은 새로운 겨울이 다가올 무렵, 현실이 되어 나타나고 말았다.

무리를 거듭하던 슈베르트가 다시 병석에 몸져눕고 만 것이다. 언제나처럼 슈베르트는 열이 펄펄 끓어오르며 일어나지도 못하고 극심한 두통에 시달렸다.

빈에서 새로 얻은 넓은 집의 침실에서 온몸이 땀투성이로 변한 슈베르트는 밤새 두 팔을 휘저으며 환영에 시달렸다.

"리사……, 리사……. 성모 마리아님이 보여. 마리아님이 내게 손을 내밀며 미소를 짓고 계셔."

"슈베르트! 슈베르트! 대체 왜 그래? 제발 정신 좀 차려봐."

슈베르트는 사흘간이나 두통과 환각에 시달렸다. 사흘째 아침에

빛살이 환하게 비추는 방안에서 슈베르트는 벌떡 몸을 일으켰다.

"허어억!"

"슈베르트, 정신이 들어?"

"성모 마리아님……!"

"뭐야? 아직도 환각에 시달리는 중이야?"

"그게 아니라 성모님의 모습에서 기가 막힌 영감이 떠올랐어."

"일어나자마자 또 피아노로 가는 거야?"

♩♪~♪♫~♩♪~♩♫~♩♪~♫♫~♩♪~♩♪~♫♫~♩♪
♩♪~♩♪~♫~

비틀거리며 피아노 앞으로 다가간 슈베르트는 정신없이 건반을 두드리기 시작했다. 슈베르트가 걱정되어 말리려던 리사도 피아노 소리에 홀린듯이 그 자리에 멈춰섰다.

"아아……!"

슈베르트의 손끝에서 흘러나오는 음악이 너무도 아름답게 느껴졌기 때문이다. 그 느리고 부드러운 곡은 사람의 영혼을 흔드는 확실한 울림이 있었다. 리사도 손을 맞잡은 채 어느새 슈베르트와 그의 음악에 푹 빠져들고 있었다.

"어쩜, 이렇게 아름다운 곡을 순식간에 작곡해 내다니!"

띠디딩~ ♫

"후우우……."

마침내 슈베르트가 연주를 마치고 숨을 깊게 몰아쉬었다. 아직도 감동의 늪에 빠져 허우적거리는 리사를 돌아보며 슈베르트가 나지막하게 물었다.

"이 곡의 제목을 〈아베마리아〉로 정하고 싶어. 리사의 생각은 어때?"

"〈아베마리아〉라고? 어쩐지 들어본 것 같더라니, 이게 그 유명한 곡이었구나?"

"응? 리사가 어떻게 내가 방금 작곡한 곡을 알고 있어?"

"아, 아니! 그게 아니라 꼭 들어본 것처럼 친근하게 느껴지는 곡이라고."

"아하, 어쨌든 마음에 든다는 거지?"

리사가 엄지를 척 세워보였다.

"지금까지 들었던 슈베르트의 곡 중에 최고라고 생각해."

"고마워, 리사."

햇살 속에서 씨익 웃는 그의 얼굴의 핏기가 하나도 없어서 리사는 불안하기만 했다.

8
슬픈 세레나데

리사의 예감대로 이후에도 슈베르트의 건강은 회복되지 않았다. 건강이 점점 악화되는 와중에도 슈베르트는 〈반역자들〉, 〈피에라브라스〉, 〈로자문데〉 등의 주옥같은 오페라를 작곡했다. 실러의 시에 곡을 붙인 〈아름다운 물방앗간 아가씨〉도 대중들에게 큰 인기를 끌었다.

이후에도 슈베르트는 수많은 명곡을 작곡하며 승승장구했다. 점점 더 많은 사람들이 슈베르트의 연주를 원했고, 그는 오스트리아는 물론 유럽 전역으로 연주여행을 다녔다. 슈베르트가 바빠질수록 그의 건강은 더욱 나빠졌다.

"슈베르트, 의사 선생님이 요양이 필요하다고 말했잖아. 제발 좀 쉬도록 해."

리사가 여러 번 말렸지만 슈베르트는 듣지 않았다. 그때마다 그는 쓸쓸하게 미소를 지으며 말하곤 했다.

"리사, 나는 지금 행복해. 곡을 만들고, 관객들 앞에서 그 곡을 연주할 때가 나는 가장 좋아."

하지만 리사의 눈에는 슈베르트가 썩 행복해 보이지 않았다. 그는 여전히 첫사랑의 기억으로부터 도망치려고 노력하고 있었다. 하지만 이렇게 발버둥침에도 불구하고 고통스런 기억에서 영원히 벗어나는 것은 불가능한 일처럼 보였다.

그해 가을 슈베르트의 건강은 도저히 회복될 수 없는 지경에 이르렀다. 슈베르트는 끝내 연주회를 멈추고 휴식을 취하기로 했다. 쓸쓸한 가을날 슈베르트는 고요한 방에 앉아 널찍한 창을 통해 붉은빛이 더해가는 저녁 하늘을 바라보고 있었다. 리사가 그의 옆에 앉아 병색이 완연한 얼굴을 지켜보고 있었다.

"리사."

"응?"

"나, 피아노 한 곡만 치면 안 될까?"

"슈베르트, 이젠 정말 쉬어야 해."

"딱 한 곡만 연주할게. 며칠 전부터 아름다운 세레나데가 떠오르고 있거든."

"세레나데?"

"밤에 연인의 창가에서 부르는 사랑의 노래야."

잠시 망설이던 리사가 고개를 끄덕였다.

"정 그렇다면 연주해봐."

"고마워, 리사."

피아노 앞에 앉은 슈베르트는 한동안 눈을 지그시 감은 채 악상을 떠올렸다.

"후우우……."

슈베르트가 한참만에 크게 심호흡하며 손가락을 건반 위에 올려놓았다.

♬♬~♩♪~♩♪~♩♪~♬~♪~

슈베르트가 천천히 연주를 시작했다. 불이 꺼져 있는 방안에서 오직 달빛에 의존해 연주하는 슈베르트에게선 귀가 번쩍 뜨일 정도의 아름다운 곡조가 흘러나왔다. 조금 단조롭고 특색 없는 곡일지도 모르지만 그 세레나데에는 슈베르트의 마음이 고스란히 담겨 있음을 느낄 수 있었다. 다른 누구도 아닌 평생동안 사랑했던 단 한 사람, 테레즈에 대한 슈베르트의 영원히 변치 않을 사랑이 담겨 있었다. 눈을 지그시 감은 채 감상하던 리사의 눈에선 어느새 뜨거운 눈물이 흐르고 있었다. 음악이 이렇게 솔직하게 사람의 마음을 표현할 수 있다는 사실을 리사는 처음 알았다.

"가엾은 슈베르트, 테레즈에 대한 그리움을 가슴에 품은 채 언제까지나, 언제까지나 그렇게 슬픔을 삭이고 있었구나."

슈베르트의 성공이 조금만 더 빨랐다면 어떻게 됐을까? 그랬다면 테레즈와 이렇게 눈물겨운 이별을 하지 않아도 되지 않았을까? 세레나데의 음색에 영혼을 적시며 리사는 너무도 안타까운 사랑에 눈물을 그칠 수가 없었다.

"……."

마침내 슈베르트의 슬픈 세레나데가 끝이 났다.

"이 곡의 제목을 〈백조의 노래〉라고 부르겠어……."

쿠웅!

힘없이 미소 지으며 슈베르트가 피아노 건반에 얼굴을 파묻었다. 깜짝 놀란 리사가 달려갔다.

"슈베르트, 정신 차려!"

"테레즈에게……, 그녀에게 이 노래를 단 한 번이라도 들려줄 수 있다면……."

"으흐흑……, 슈베르트!"

생기를 잃은 슈베르트의 눈동자를 마주하며 리사는 그에게 남겨진 시간이 그리 길지 않음을 깨달았다. 그리고 그 깨달음은 리사로 하여금 어떤 결정을 내리도록 만들었다.

저녁을 앞둔 시간, 자크의 빵집은 여전히 손님들로 북적이고 있었다.

슬픈 세레나데

빵집의 정면 통유리를 통해 나란히 서서 즐겁게 빵을 만들고 있는 자크와 테레즈의 모습이 보였다. 테레즈는 예전보다 훨씬 행복해 보였다. 그래서 리사는 더욱 망설일 수밖에 없었다. 과연 그녀에게 부탁하는 것이 옳은 일일까? 하지만 슬픈 세레나데를 연주하는 슈베르트의 모습을 떠올리자, 리사는 도저히 포기할 수가 없었다. 그래서 용기를 내기로 했다.

"테레즈…… 테레즈!"

"리사!"

리사의 모습을 발견한 테레즈의 눈이 휘둥그레졌다. 빵집 밖으로 달려 나온 테레즈가 리사의 손을 덥석 잡았다.

"그동안 잘 지냈어? 어쩜 너는 나이를 전혀 먹지 않는 것 같구나. 그런데 갑자기 무슨 일로……?"

"실은 어려운 부탁이 있어서 왔어."

"부탁이라니? 무슨 부탁?"

"슈베르트가 지금 리히텐탈의 교회에 와 있어."

"빈에서 음악가로 성공한 슈베르트가 갑자기 왜?"

놀라 눈을 크게 뜨는 테레즈의 얼굴을 보며 리사가 조심스럽게 말했다.

"실은 슈베르트가 몹시 아파."

"슈베르트가? 어디가? 얼마만큼이나?"

"내 생각엔 그리 오래 버티진 못할 거 같아."

"오……, 신이시여!"

"그는 생을 마감하기 전에 테레즈에게 자신이 작곡한 마지막 세레나데를 들려주고 싶어 해."

"아아……!"

테레즈가 눈물을 글썽이며 입술을 파르르 떨었다. 리사가 그런 그녀를 향해 진심으로 미안한 표정을 지었다.

"행복하게 살고 있는 테레즈에게 갑자기 이런 부탁해서 정말 미안해. 테레즈가 가지 않는다고 해도 절대 원망하지 않을 거야. 다만 그가 너무 불쌍해서……, 그의 세레나데가 너무 서글퍼서……. 그래서 테레즈가 꼭 한번 마지막으로……."

눈물을 글썽이는 리사의 얼굴을 바라보던 테레즈가 고개를 끄덕였다.

"리사, 우리 교회로 가자."

달빛이 은은하게 비추는 교회 안에서 사람의 마음을 울리는 세레나데가 조용히 울려 퍼지고 있었다.

♩ ♪ ~ ♪ ♬ ~ ♩ ♪ ~ ♩ ♬ ~ ♩ ♪ ~ ♬ ♬ ~ ♩ ♪ ~ ♩ ♪ ~ ♬ ♬ ~ ♩ ♪
♬ ♪ ~ ♩ ♪ ~ ♬ ~

오래 전 소심한 소년 슈베르트가 처음으로 작곡한 음악에 맞춰 테레즈가 아름다운 목소리로 노래를 불렀던 바로 그 장소였다. 그곳에

서 두 사람은 처음으로 서로를 알아보았고, 사랑의 감정을 싹틔웠다. 자신들의 역사가 어린 그 자리에서 슈베르트는 혼신의 힘을 다해 마지막 연주를 하고 있었고, 단 하나뿐인 관객인 테레즈는 가슴을 떨며 듣고 있었다.

"어떻게……, 어떻게 저렇게 아름다운 곡을 만들어낼 수가 있는 거지. 아아, 슈베르트……."

테레즈의 눈에선 어느새 감동의 눈물이 흐르고 있었다.

쿠웅!

연주가 끝나기 직전, 슈베르트는 건반에 얼굴을 박고 쓰러졌다.

"슈베르트, 왜 그래요?"

테레즈가 슈베르트를 향해 달려갔다. 리사도 달려가려고 했지만 불가능했다. 리사의 몸 윤곽을 따라 빛이 눈부시게 떠오르며 두 발이 허공을 내딛고 있었기 때문이다. 이제 현실로 돌아갈 때가 되었음을 깨달은 리사가 슈베르트를 끌어안고 눈물을 흘리는 테레즈를 향해 손을 내뻗었다.

"안녕, 슈베르트……. 안녕, 테레즈……. 비록 두 사람의 사랑은 이루어지지 못했지만 행복했던 기억만은 세레나데와 함께 영원히 기억하길 바랄게."

사랑의 슬픔을 가슴 가득 머금은 리사의 몸이 1828년의 오스트리아에서 홀연히 자취를 감추었다.

"리사, 대체 왜 울고 있니?"

현실로 돌아온 리사는 슈베르트와 선재에 대한 생각이 교차되며 눈물을 뚝뚝 흘리고 있었다. 그런 리사를 보며 나 회장은 당황하고 있었다. 강 사장과 성 여사 그리고 찬영이도 휘둥그레진 눈으로 리사를 보고 있었다. 눈물을 슥슥 훔친 리사가 나 회장을 향해 머리를 꾸벅 숙였다.

"회장님, 죄송하지만 선물은 받을 수 없을 것 같습니다. 저는 급한 약속이 생각나 먼저 가봐야 할 것 같아요. 죄송합니다."

"리사야! 리사야!"

다급히 부르는 강 사장과 성 여사를 뒤로하고 리사가 VIP석을 뛰쳐나갔다.

"선재야, 기다려! 내가 곧 갈게!"

가곡의 왕 슈베르트

1. 출생과 성장

슈베리트는 오스트리아의 초기 독일낭만파의 대표적 작곡가로 '가곡의 왕'으로 불린다. 주로 빈에서 활동하며 다양한 부문에 걸쳐 많은 작품을 남겼고 가곡을 독립된 주요한 음악의 한 부문으로 끌어올려 독일가곡에 큰 영향을 미쳤다.

슈베르트는 오스트라아의 리히텐탈에서 출생했다. 아버지는 빈 교외의 리히텐탈에서 초등학교를 경영했고, 어머니는 장인의 딸이었다. 그의 음악적 천재성은 일찍부터 두드러져 8세 때 교회의 합창지도자들로부터 바이올린, 피아노, 오르간 등의 기초적인 지도를 받고 11세 때 아름다운 소년 소프라노 음성을 인정받아 빈 궁정예배

당의 합창아동으로 채용되어 국립 기숙신학교에 들어갔다. 여기서 궁정 오르간 주자 루치카, 궁정악장 A.살리에리에게 작곡법을 배워 작곡을 시작했으며, 16세 때 1년 과정의 교원양성학교에 다닌 후 아버지가 경영하는 학교의 저학년 수업을 담당하기도 했다.

1814년 〈실을 잣는 그레트헨:Gretchen am Spinnrade〉(작품 2 · D. 118)을 비롯하여 많은 가곡과 3곡의 현악 4중주곡 등을 작곡했다. 1815년에는 〈들장미: Heidenrö slein〉(작품 3-3 · D. 257), 〈마왕 Erlkö nig〉(작품 1 · D. 328)을 비롯한 약 145곡의 가곡과 2곡의 교향곡, 그리고 이 밖에도 많은 작품을 발표했으나 그의 작품은 극히 일부 친구들 외에는 거의 알려지지 않았다.

2. 이루지 못한 첫사랑

슈베르트는 특히 1814년에는 F장조 미사를 작곡했는데, 자신의 스승이자 리히텐탈 교회의 수석연주자인 미하엘 홀츠 선생의 80세 생일을 기념하기 위한 헌정곡이었다. 이 곡은 그해 10월 16일에 리히텐탈 교회에서 연주되었다. 이 연주회는 당시

소교구로서는 큰 사건으로 16세의 작곡가 슈베르트는 일약 리히텐탈의 유명한 인물이 되었다. 이 미사곡의 소프라노 독창은 테레즈 그로오프라는 음성의 질도 성역도 월등히 좋은 아주 젊은 여자아이가 불렀다. 테레즈는 교원의 딸로 아버지는 없고, 어머니가 조그마한 상점을 열어 장사를 하고 있었다. 연주회 이후 슈베르트는 곧 테레즈와 사랑에 빠졌다. 슈베르트는 내성적인 소년이었으나 친형 페르디난트에게 테레즈에게 청혼하고 싶다고 고백까지 했다. 하지만 당시 그의 봉급은 1년에 40플로린에 불과했다. 도저히 가정을 꾸릴만한 금액이 아니었다. 하지만 슈베트르와 테레즈는 여러 악조건에도 불구하고 서로를 깊이 사랑하기 시작했고, 테레즈는 슈베르트의 형편이 나아지길 기대하며 3년간이나 그의 곁에서 기다려주었다.

슈베르트는 도이치의 라이바하 사범학교에 새로운 일자리를 구하려고 노력했다. 그곳의 봉급은 리히텐탈의 초등학교보다 열 배나 많았기에 그 정도면 테레즈와 가정을 꾸릴 수 있었기 때문이다. 하지만 슈베르트의 지원은 성공하지 못했다. 스승이라고 믿었던 살리에리가 슈베르트에게는 열심히 추천하겠다고 약속해 놓고 실은 딴 후보자를 지지해 버린 탓이었다. 살리에리의 배신에 슈베르트는 크게 분노했고, 그와의 관계를 완전히 끊어 버렸다. 그리고 테레즈는 부유한 빵집 주인과 결혼을 하고 말았다. 이후 생이 끝나는 날까지 슈베르트는 새로운 사랑을 찾지 못했다.

3. 너무도 짧았던 생애

슈베르트를 세상에 알리려고 애쓴 그의 친구들은 다시 제2의 가곡집을 모아 괴테에게 보내려고 계획했다. 그러나 그 계획은 그의 악보가 출판된 후 5년이 지날 때까지 실현되지 못했다. b장조(D. 485), 그리고 가곡 〈마부 크로노스에게〉(D. 369), 〈자장가〉(D. 498), 〈방랑자:Der Wanderer〉(D. 489) 등이 이 시기의 작품들이다. 1816년 말경부터 그는 교직을 떠나 친구 쇼버와 같이 살면서 작곡에 전념했는데, 이듬해 쇼버의 동생이 외국에서 돌아와 다시 집으로 돌아왔다. 그리고 이 무렵 쇼버의 소개로 유명한 성악가 J.M.포글과 알게 되었는데 그는 슈베르트의 가곡을 세상에 인정케 한 최초의 가수였다.

1818년 여름 헝가리의 P.A.에스테르하지 백작집의 여름방학 음악교사로 초빙된 것을 기회로 그는 집에서 나와 그 후로는 빈 시내의 친구들을 찾아 여기저기 옮겨 다니는 보헤미안 생활을 하면서 작곡을 계속했다. 1824년 여름 다시 에스테르하지 백작집의 가정교사로 초빙을 받았는데, 슈베르트는 그 후로는 공직을 맡은 적이 없었다. 그리고 그는 아내도 가정도 없이 1828년 11월 19일 31세의 짧은 생애를 마쳤다. 그의 유해는 유언에 따라 전년에 세상을 떠난 벨 링크 묘지에 있는 베토벤의 무덤 가까이 묻혔으며 88년 두 묘는 빈의 지멜링크 중앙묘지로 옮겨졌다.

슈베르트는 600곡 이상의 가곡을 남겼는데, 기악곡에서도 가곡의 느낌을 살린 정서 풍부한 선율을 즐겨 사용하여 새로운 낭만적인 내용의 작품을 썼다. 가곡에 있어서 슈베르트가 후대에 남긴 영향은 매우 커서 슈만, 브람스, 볼프, R. 슈트라우스의 가곡은 슈베르트 없이는 생각할 수 없을 정도이다. 또 피아노용 소품에서 낭만파의 소독주곡의 방향을 명확하게 제시한 점도 크게 평가된다. 특히 '독일 가곡의 왕'이라고 불릴 만큼 가곡의 걸작을 수많이 남겨 독일 낭만파의 초기의 대작곡가로 손꼽히고 있다.

주요 작품에는 교향곡 10곡 중에서 제8번 〈미완성〉(1822), 부수 음악 〈로자문데〉(1823), 피아노 5중주곡 〈송어〉(1819), 현악 4중주곡 15곡 중에서 제14번 〈죽음과 소녀〉(1824), 피아노 소나타 22곡, 피아노곡 〈즉흥곡〉(1827), 〈악흥의 한 때〉(1823~27), 미사곡 7곡, 합창곡, 가곡집 〈아름다운 물레방앗간의 아가씨 (20곡)〉(1823), 〈겨울 나그네 (24곡)〉(1827), 〈백조의 노래 (14곡)〉(1828) 를 포함한 606곡의 가곡 등이 있다.

4. 슈베르트와 베토벤

슈베르트는 생전에 베토벤을 가슴 깊이 존경했다. 또한 두 음악가는 평생의 대부분을 빈에서 보냈으며 그곳에서 음악활동을 하였으므로 베토벤과 비교해 보면 슈베르트의 작품을 잘 이해할 수가 있다. 베토벤은 음악을 계시로 생각하고 스스로를 특별한 사람으로 생각했다. 이것은 당시 독일 지식계급의 눈에 비친 프랑스혁명이나 나폴레옹 초기 활동의 지도이념에 바탕을 둔 것이다.

그러나 슈베르트는 이와 같은 선민의식을 갖지 않았고, 스스로 즐기며 타인도 즐겁게 하려고 작곡을 했다. 이 즐거움은 메테르니히의 보수정책에 의하여 언행에 제약을 받아 현실에서 눈을 돌려 예술에서 도피 장소를 찾으려는 오스트리아의 지식계급과 거기에 안주하려는 서민계급의 즐거움으로 다분히 감상적인 측면이 강하다. 그런 영향 때문인지 슈베르트의 교향곡과 실내악과 피아노소나타 등은 형식적으로는 소나타이기는 하지만 실제는 아름다운 선율의 연계로 구성되어 있음이 특징이다.

그의 작품은 그 이전의 빈고전파의 작곡가들과 같이 오페라, 실내악, 피아노곡, 교회음악, 가곡 등 협주곡을 제외한 모든 부문에 걸쳐 있고 작품량은 그의 짧은 생애에도 불구하고 많은 편이다. 그의 작품 수는 998곡에 이르고, 그 중에서도 가곡은 약 633곡에 이른다. 이전의 고전파 시대에는 별로 주목되지 않았던 가곡이라는 예술부문이 슈베르트에 의하여 아름다운 선율과 색채에 넘치는 독립된 음악의 한 부문으로 취급됐다는 것은 분명 주목할만한 사건이다.

1814년의 가곡 〈실을 잣는 그레트헨〉이 새로운 가곡양식의 제1보가 되는데, 이것은 변주유절가곡의 형식이 중심을 이루고 있다. 그의 가곡 형식은 그 밖에도 다양하여 〈들장미〉와 같은 엄격한 유절가곡, 자유스러운 보통가곡, 낭창 양식을 갖는 것들이 있으며, 이 다양한 가곡형식은 그 후의 R.A.슈만, F.리스트로부터 R.슈트라우스에 이르는 독일가곡의 작곡가들에게 커다란 영향을 주었다. 그는 교향곡을 비롯한 기악곡분야에서도 풍부한 선율과 아름다운 화음에 의하여 고전적인 단정함과 낭만적인 서정성이 감도는 많은 명곡을 창작해냈다. 그래서 후대의 사람들은 그를 '가곡의 왕' 이라 부르는 것이다.

역사를 만든 여왕 리더십

역사를 만든 여왕 리더십은 어린이들에게 자신감을 갖게 해주고 삶을 사는 데 바른 가치관을 심어줍니다.

① 엘리자베스 1세 가슴속 가득 영국을 품다
② 마리아 테레지아 사랑으로 오스트리아를 지키다
③ 클레오파트라 이집트의 보석으로 피어나다
④ 선덕여왕 한민족 최초의 여왕이 되다
⑤ 이사벨 1세 스페인 제국의 길을 열다
⑥ 측천무후 편견을 깨뜨린 중국 여황제
⑦ 크리스티나 스웨덴을 위해 왕위에서 물러나다
⑧ 예카테리나 2세 러시아 개혁의 자존심
⑨ 빅토리아 여왕 영국의 황금시대를 이끌다
⑩ 명성황후 조선왕조에 핀 마지막 불꽃
⑪ 하트셉수트 세계 최초의 이집트 여왕
⑫ 제노비아 시리아에 팔미라 문명을 세운 여왕
⑬ 스이코 일본 최초의 여왕
⑭ 테오도라 천민에서 동로마의 황후가 되다
⑮ 기황후 공녀에서 원나라 황후가 되다
⑯ 메리 1세 영국 최초의 여왕이 되다
⑰ 엘리자베타 러시아 최고의 인기를 누린 여왕
⑱ 소서노 두 국가를 세운 여장부
⑲ 쯩자매 베트남의 독립을 이룬 자매 여왕
⑳ 엘리자베스 2세 영국의 진정한 보석

① 에로스와 프시케
② 테세우스와 아리아드네
③ 페르세우스와 안드로메다
④ 아폴론과 다프네
⑤ 프로메테우스 형제와 판도라

신화 속 사랑 이야기

세상에 알려진 신화 속에는 많은 사랑 이야기가 있습니다. 그중 여러분이 알고 있는 연인들은 누구인가요? 에로스와 프시케, 하데스와 페르세포네 등 신화 속 연인들의 아름답거나 혹은 가슴 아픈 사랑 이야기와 함께 하세요.

세상을 이끈 여성 파워

세상을 이끈 여성 파워는 어린이들에게 적성에 맞는 진로를 찾게 해주고 스스로의 인생을 개척할 수 있도록 꿈을 심어줍니다.

① 디자이너 코코 샤넬
② 무용가 이사도라 덩컨
③ 음악가 클라라 슈만
④ 작가 펄벅
⑤ 교육가 마리아 몬테소리
⑥ 정치가 마거릿 대처
⑦ 화가 프리다 칼로
⑧ 비행사 아멜리아 에어하트
⑨ 배우 오드리 헵번
⑩ 과학자 마리 퀴리
⑪ 외교관 알렉산드라 콜론타이
⑫ 사회사업가 헬렌 켈러
⑬ 정치가 힐러리 클린턴